あなたの
価値の
育てかた

Unique
Piece

池本博則
（株）ユニークピース代表取締役社長

アスコム

「自分には価値がない」と悩んだり、
「自分のどこに価値があるんだろう」
と考えこんだり、
「自分の人生なんて価値がない」と
自暴自棄になったり。
本書はそんな「自分の価値」を見失っている人に、
自分の価値を思い出し、再発見してもらい、
自信を持って人生を生きてほしくて著した書籍です。

「そんなこと言われたって、自分に価値なんて」と
卑屈になってしまうのも無理はありません。
なぜなら、多くの人が、大人になるまでに短所を
指摘され続けたり、
仕事や育児、家事に追われたり、
思うような結果が出なかったり。
そのようなことで、
自分の価値を見失っているからです。

あなたに価値がないのではありません。
見失っているだけです。
皆さんは、誰かに褒められたり、
夢中になって、なにかに没頭したりした経験が、
これまで一度もなかったでしょうか？
どんな小さなことでも構いません。
それは、あなたの価値が発揮された瞬間では
なかったでしょうか。

「いやいや、そんなちっぽけな価値、
なんの意味もない」
まだ、そうおっしゃる方もおられるかもしれません。
しかし、たとえちっぽけな価値だっとしても、
日々得られる経験値を最大限、糧《かて》にしていくことで、
また、あなたの価値が育つ場所を見つけることで、
大きく育てることができます。
ここ1カ月、とてもためになったこと、
覚えていますか？
同じ失敗を繰り返したことはありませんか？

日々の中で得た経験というものは、
意外と抜け落ちているのではないでしょうか。
経験をできるだけ抜け落とさずに糧にしていくこと。
それが価値を育てることにつながります。
私は、あなたの価値は、
過去の経験が実となり種となり、
今の経験を栄養として与えることで、
未来で咲き誇ると考えます。

そして、誰一人、同じ過去がなく、
同じ日々を過ごしていないからこそ、
経験によって生まれ育てられた価値は、
ユニークピース(一点物)に、
なるのではないでしょうか。
本書は、序章を含め、全部で6章に、
分かれています。
価値の見つけかた、育てかたは、
3~5章に書かれていますので、

もしすぐに知りたいという方は、
３章から読んでください。
ただ、どこの馬の骨ともわからない人が、
あなたの価値について話しをしたとしても、
すっと入ってこないのではないでしょうか。
ですから、できれば序章から読んでいただき、
私がどういう人間で、
なにを考えて、なにを大切に生きてきたのかを
知っていただけますと幸いです。

この本を読んで、
「ないと思っていた
自分の価値が見つかった」
という人が一人でも
現れたというのならば、
こんなに喜ばしいことは
ありません。

はじめに

「一歩を踏み出す勇気」があなたを変える

私が立ち上げた株式会社ユニークピースは、仕事とワークスタイルにフォーカスし、「働く人」と「働く機会・場所」をつなげることで社会に新しい価値を創造していくために、２０２３年6月にスタートしました。

社名の**ユニークピース**とは、もともと芸術品や工芸品の世界で、**「一点物」**のことを指して使われる言葉です。

複製品ではなく、**この世でたった一つの作品として存在し、唯一無二の価値を持つ**もの。

まさに、今、**本書を手にしているあなたのことであり、働く人一人ひとりのことを表現**しています。

ユニークな価値を持つ個人が、自分の「特長」や「強み」を活かして働くことができれば、きっと満足感の高い幸せな人生を送ることができるのではないか。そして、そうした個人が沢山存在することができれば、社会はより多様性を有し、ユニークな価値観を共有できる豊かなものになるはずだ――。

そのように考え、私たちは**「一人ひとりがユニークで輝く未来を創る。」**をビジョンに、働く人の問題や社会課題に目を向け、人・企業・地域それぞれに活力を生み出すユニークな事業に取り組んでいます。

今、働く人のキャリアの在り方が過渡期を迎えています。

産前・産後休業や育児・介護休業など、現在の企業は各種制度を整えており、一昔前と比べて、働く人の環境は劇的に改善されています。

一方、**制度は整っているものの、例えば、ママをはじめ休業した人が職場復帰しようとすると、以前のキャリアの道が既に閉ざされている**ことが往々にして見られます。

第1章で詳しく述べますが、リキャリアが非常に難しくなっており、これは企業が各種制度だけを導入し、もっとも大切な働く人一人ひとりの価値や、キャリアパスに目が向いていない最たる例といえるでしょう。

また、アングルを変えると、今は**正社員を中心に手厚く守られ、各種制度が充実していることで、逆に個人の成長意欲が削《そ》がれている**と感じることがあります。

本来は誰にだって成長できる可能性があり、唯一無二のユニークな価値があるのに、どうしてそうなってしまうのでしょうか。

人材流動化は増しているといわれますが、特に大手企業においては、手厚い保証の下、人材はさほど流動化していないのが実情です。

つまり、今の時代は**働く人にとってポジティブな環境が整いつつある一方、個人の新しい挑戦や可能性を削ぐような状態も根強く存在している**というわけです。

ユニークピースとして個性を存分に発揮して働くことができる環境がありながら、一度でも制度を利用した休業を行うと、途端にユニークな個性が埋没してしまう問題が、広く社会に存在しているのではないでしょうか。

そこで、私たちはこのピンチとチャンスが両方ある今の時代に、働く人一人ひとりが仕事を通じて自己表現し、成長できる機会がもっと増えていく社会を構築したいと考えました。

皆さんの中にも、自分の「価値」を振り返った時、「まだ自分にもやれることはあるのではないか」「新しい可能性を見つけてチャレンジできるのではないか」と感じている人がいるはずです。

そんな時に必要となるのは、**「一歩を踏み出す勇気」**です。

自分の夢や可能性、本当に「やりたいこと」に素直になり、**どんな小さなことでもいいので、それに向けて一歩を踏み出す**こと。今はキャリアが途絶えていたり、これまで就職活動に失敗したりしていても、**心のスイッチを切り替えて、「とにかく前へ進んでいく」と決意する**こと。

私は、そんな**自分の未知なる可能性に向かう行動の中にこそ、皆さんの「一点物」の価値が存在する**と考えています。

本書では、私たちユニークピース社が行うサポートと同様に、前へと「一歩を踏み出す勇気」を持つための考え方や、具体的メソッドを紹介していきます。

まず序章で、私がユニークピース社を立ち上げた理由と、目指す社会像について述べていきます。


第1章は、現在ユニークピース社が行っている事業活動についてです。

個人の可能性に〝スイッチ〟を入れながら、世の中の多くのユニークピースたちと「働く機会」「地域の課題解決」「企業」をつなげていく。そんな社会との歯車が噛み合う状態を目指して展開する事業について紹介させてください。

第2章では、私自身がユニークピースの一人として、どのようにキャリアを形成し起業へと至ったのか、その道筋を紹介します。

自叙伝のようなかたちですが、皆さん自身がキャリアを振り返り、自分の強みや武器を見つける手掛かりとなる要素を盛り込みました。

第3章から第5章は、いわゆる【実践編】です。

ビジネスパーソンの求職活動やキャリア形成に一貫して携《たずさ》わってきた私の経験をもとに編み出した、実践的な手法をお伝えします。

第3章では、「自分の価値の見つけかた」についてのメソッドを紹介します。「一点物」の価値は、文字通り全員の中にもあり、どんな場所にいても、何歳からでも育てていくことができます。

第4章は、見つけた自分の価値を、さらに自分の力で育てていくための考えかたと、具体的なメソッドを紹介しましょう。

そして、最終章の第5章では、会社や組織、チームの中において、周囲の人の価値を高めながら、自分がより輝くためのアプローチについて掘り下げます。

今、自己実現や自己満足ができていないと感じている人も、**自分だけのユニークな特性を存分に発揮できる場やチャンスは必ず見つかります。**

今ここから、大いなる一歩を踏み出していきましょう！

株式会社ユニークピース代表取締役社長　池本博則

Unique Piece

あなたの価値の育てかた　目次

序章

ユニークピースとして輝こう

第1章

ユニークピースのつなげかた

第2章

ユニークピースの一人として

第3章

自分の価値の見つけかた

第4章

自分の価値の育てかた

第5章

他人によって育てられる自分の価値

序　章

ユニークピース
として輝こう

唯一無二の価値が輝く社会を作りたい

「はじめに」でも話したように、私の会社の名前「ユニークピース」とは、もともと芸術品や工芸品の世界で、**「一点物」**のことを指して使われる言葉です。複製品ではなく、**この世でたった一つの作品として存在し、唯一無二の価値を持つ**もの。私はこの言葉を知った時、「これは人にも置き換えることができるのではないかな」と思いました。

人間一人ひとりが生まれながらに持つユニークな価値は、紛れもなく唯一無二のものであるはずです。

そんな個人が、それぞれの価値観を持ち、ライフスタイルを作り、それを根底で支える仕事を持っている。自分の特長や強み、能力を活かして働き、一人ひとりが自分だけのユニークな人生を歩んでいる。

そうした価値観を、特に仕事とワークスタイルにフォーカスし、社会に対して新しい価値を創造していける会社を作りたいと思い、2023年6月にユニークピース社をスタートしました。

私がユニークピース社を立ち上げたのは、**仕事やワークスタイルに関して、今の日本社会が、新しい変化へと向かう過渡期に差し掛かっている**と見ているからです。

2024年現在の日本は、少子高齢化をはじめ、経済やビジネスの領域であまりいいニュースを見聞きすることはありません。

市場環境については、確かに株高傾向ではありますが、為替《かわせ》相場は乱高下を繰り返し、自然環境は悪化の一途を辿り、地政学リスクも高まっており、**ビジネスを根本から再考せざるを得ない状況**にあります。

グローバルの観点からは、日本の立場は決して盤石《ばんじゃく》ではなく、むしろ脆弱《ぜいじゃく》さが目立ってきているようにも見受けられます。

特に、少子高齢化が日本経済に与えるインパクトは大きく、生産活動の中心となり、経済や社会保障を支える**15歳〜64歳の「生産年齢人口」は、今後どんどん減少**していきます。

ピーク時の1995年の生産年齢人口は約8716万人で、総人口の69・5％を占めていました。

しかし、2023年10月時点では約7395万人に減少し、その割合は59・5％になっています（総務省『人口推計』）。

総人口は、2056年に1億人を割る見通しなので（国立社会保障・人口問題研究所『日本の将来推計人口 令和5年推計』）、それに伴い、生産年齢人口は今後、さらに減少していく状況です。

生産年齢人口が減少していけば、多くの企業は人手不足となり、競争によって淘汰《とうた》されるか、魅力が薄い企業は離職率が高まっていくでしょう。

一方で、現在はインターネットの登場以来のインパクトを及ぼすとされる生成AIが登場し、今後それに関連する様々なテクノロジーやプロダクトが百花繚乱《ひゃっかりょうらん》のように出現して、私たちのワークスタイルは激変していくはずです。

少子高齢化問題も、これらのテクノロジーを駆使すれば乗り切れるとする楽観的な見通しもあるほどです。

かつて、経済学者のジョン・メイナード・ケインズは、「1日3時間働けば十分に生きていける社会がやってくる」という趣旨の予言をしましたが、そんな社会が訪れるのも、もしかしたら現実となるかもしれません。

ただ、私たちが生きる現在の日本社会を見渡すと、**そうしたテクノロジーの発展の裏側で、仕事の問題は多くの領域で手つかずのままで残されています。**

例えば、私がかつて勤めた会社で携わった農業分野では、盛んに「IoT（モノのインターネット）」や「スマート農業」といった言葉が飛び交っていますが、そこで実際に働く人たちの社会課題は、根本的に改善はみられていません。

スマート農業によって生産・流通は効率的になりますが、根本的な課題である新規就農者は、2022年時点で4万5840人と、前年に比べ12・3％減少しています（農林水産省『新規就農者調査』）。

もちろん、テクノロジーが発展することで、機械やロボットが人間の代わりに働くという意見は理解できるのですが、その代償として**働く人が減り、一人ひとりのユニークな能力が輝きを失っていく**ことを危惧しています。

時代がより便利になり、今後どのような領域でも、AIやIoTがインパクトを及ぼしていきます。

「生成AIによって人の仕事はなくなるのでは？」という意見もありますが、今、**様々な分野で、仕事とワークスタイルが激変しはじめている**のは確かです。

仕事を求める一人ひとりに向き合えないもどかしさ

私は、社会がどのような形で変化したとしても、人が持つユニークな能力が輝き続ける社会を作りたいと考えています。

第2章で詳しく述べますが、私はかつて約20年に亘り、人材・広告企業の株式会社マイナビに勤め、主に新卒採用の営業担当や事業部長などを経験しました。

営業一筋だった私が、なぜ会社を辞めて起業したのかというと、若い頃のようにもう一度泥臭く、**丁寧にお客様一人ひとりと向き合い、その人と共に仕事や人生を考えるための、きめ細やかなお手伝いをしたかった**からです。

私が長年勤めた会社は、もはや社会のインフラの一つとして存在しています。

より大きなスケールで人材をサポートする器になっており、日本の産業を人材面から支えることはもとより、グローバル市場を視野に入れた事業も展開しています。

また、最先端の技術を取り入れて、より便利なサービスを提供しており、人材のマッチングなどが便利になっていけば、ユーザーエクスペリエンスはさらに高まっていくことでしょう。

それ自体はとても重要なことです。

しかし、**私は働く人一人ひとりの「思い」に向き合い切れていない自分自身に、もどかしさや違和感を抱く**ようにもなっていました。

例えば、求職者と仕事のマッチングの自動化が進んでいき、もはや面接でさえもAIなどで捌《さば》いていける現状があります。

特定の会社に合う人材を、適性検査の結果のみでふるいにかけたり、履歴書を人間ではなく機械が読み取り合否まで出したりする仕組みもあります。

私がこの20年を見てきた中でも、人材マーケットは激変しており、今後ますますその形は変わっていくでしょう。

それはそれで効率よく人を採用することができ、経営効率の面で妥当性がある仕組みといえます。

しかし、**根本である人（求職者）にフォーカスし、その人の生き様や可能性にしっかりと目を向け、その後のキャリアやワークスタイルをじっくり検討できているのかというと、疑問**に感じていたのが正直なところでした。

仕事を検索し、履歴書を送れば仕事がマッチングされ、働く会社のビジョンやミッションもよく知らないまま、とりあえず働きはじめる場合は沢山あります。

もちろん、テクノロジーを駆使してその会社に対する適正度が高い人を採用しているため、採用する側・される側双方にとって便利であるのは間違いなく、時には運命的な出会いもあるでしょう。

テクノロジーの進化と活用自体は否定するものではなく、むしろ歓迎すべきもの。ただ同時に、その**効率的なシステムからこぼれ落ちていくユニークピースが存在する**のも事実だと思うのです。

実際に働いてみたら、「なにかが違う」「自分の能力が活かされていない」「自分の個性や特性が尊重されていない」「人間関係がうまく合わない」などと感じることが多いのも、裏面の現実として歴然と存在します。

「果たしてそれは適切なマッチングといえるのだろうか？」「本当に働く人や社会に貢献できているのか？」と考える日々が続きました。

そこで私は、社会のインフラとしての既存の人材サービスと補完し合うイメージを持ちながらも、もう一度ゼロから、働く人一人ひとりと向き合おうと決意しました。

特に、**個性や能力をうまく活かし切れていないユニークピースたちを輝かせる仕組みを、社会の中に作りたい**と考えたのです。

ユニークな個性がスクリーニングされている

私のことを知って、「逆張りだね」と言ってくださる人もいます。

既に人材サービス会社が沢山ある中で、確かにアプローチとしては逆張りなのですが、自分としては、**ユニークピースこそがこれからの社会のハブになる**と考えています。

先に述べた、「個性や能力をうまく活かし切れていない」ユニークピースが多く存在するということは、際立った個性や強みを持つが故に、「既存の組織の枠組みに収まらない」ユニークピースも沢山いるとみているからです。

例えば、欧米社会などでは、経営者をはじめなにかを成し遂げる人は、はっきりいって〝ぶっ飛んでいる〟人が多いと思います。

スティーブ・ジョブズ、ジェフ・ベゾス、イーロン・マスクなど、彼らの〝功罪〟はさて置き、個性と才能が桁外《けたはず》れに〝普通じゃない〟のは誰もが認めることでしょう。

つまり、そんな〝ぶっ飛んでいる〟〝普通じゃない〟才能と可能性を潰さないような社会とインフラが、欧米にはしっかりと存在しているというわけです。

片や日本においては、**採用やマッチングの際に、かえってその個性を潰してしまっている気がすることもありました。**

もしかしたら凄《すご》い才能と可能性を持っているかもしれないのに、ちょっと変わった人だというだけで、マッチングの入り口で自動的にスクリーニングされ、ユニークな才能が潰されてしまっているのではないかと感じていたのです。

簡単にいうと、**機械が処理できる「データとして残る個性」しか活かしづらくなってしまっている**ということでしょう。

今の時代は、事あるごとに「個性があったほうがいい」などと言われ、子どもたちにもそれを促す教育を行っています。

にもかかわらず、いざ社会で働こうとした段階で、最初の時点で個性を消されたり、個性で選別されたりする面があるわけです。

繰り返しになりますが、テクノロジーが発展し、便利な世の中になることがよくないのではありません。

ただ、私がかつて人材サービス会社で働いていた頃には、企業の採用担当者が求職者に対してもっとコミットしていたと感じます。

サービスを利用されていた企業の担当者に聞くと、「この人はこの特技がいいんだよね」「こんな目標があって、それがうちのプロジェクトにぴったりなんだよね」などと言っていて、「かなり深く人を見ているな」という印象がありました。

そうした**マッチングの密度がいつしか薄らいでいき、コロナ禍の影響もあって、今では採用担当者と最後まで会わずに内定が出ることもある**ほどです。

それはお互いに効率的でいい反面、あくまで「労働力としての契約」に過ぎない場合もとても多く、そうした現状に私は違和感を抱いていたのです。

誰もが「自己満足」できる世界を作りたい

一方で、今の時代は働く人にとってポジティブな環境が整いつつあるのも事実です。

YouTubeやInstagram、noteをはじめ個人の情報発信ツールが充実し、一昔前に比べると、自由に自己表現し、個性を発揮して働こうと思えば、すぐにでもできる環境があるのは明白でしょう。

つまり、**個性が埋没する問題はありつつも、逆にユニークピースとして、個性を存分に発揮して働くことができる時代でもある**というわけです。

もちろん、すべてのユニークピースがSNSなどのツールを駆使して自己表現すべきだという話ではなく、やりようによっては、誰しも自分らしく充実した生き方のできる機会がある時代になっているという意味です。

このように、ピンチとチャンスが双方ある今の時代に、私は、多くの人が仕事を通じて自己を表現し、成長することができる機会をもっと増やしていける社会を作りたいと考えています。

それは、**誰もが「自己満足」できる世界**です。

人はそれぞれ求めているものが違うが故に、本来は誰と比べるのでもなく、自分の満足を追求して生きることができればいい。

同時に、なかなか自己満足ができないまま生きている人たちに、その**隠れたユニークな特性を存分に発揮できる場やチャンスが与えられる**ように、社会との歯車が噛み合っている状態を目指すということです。

自己満足といっても、仕事を通じてなんらかの貢献をした結果、他者や社会からのレスポンスを得てはじめて満足できるという考え方もあります。

これを心理学では「承認欲求」と呼びますが、**自分のアクションに対して誰かが反応してくれたり、認めてくれたりすることを求める気持ちを、人間は本能として持っている**のです。

それこそSNSでは、自分が発信したら「いいね」や、好意的なコメントがつくことで承認欲求が満たされやすく、特に若い世代の人はそれを子どもの頃から体験しているので、お互いをリスペクトし合うことが価値観になっている面があります。

片や会社や組織となると、制度や仕組みの変化が遅く、最近になってようやく「心理的安全性」（組織の中で不安を感じずに自分の意見や気持ちを発言できる状態）の重要性がいわれるようになったほどです。

同じ場所で働きながらも、誰からも承認欲求を得られないという、心理的にアンバランスな状態が生じている職場も多く存在します。

自分を輝かせてくれる場所で「一点物」として働く

私は、最初のユニークピースのための事業を作るにあたり、まずは**「子育てが手離れしはじめたママ」にフォーカス**しました。

そのために、仕事を探すママたちに「どのようなかたちで働きたいか」をヒアリングすることからはじめたところ、意外にもこんな言葉が多く集まったのです。

「うまくいった仕事は誰かに見てもらいたい」

「自分が取り組んだことを誰かに認めてもらえると嬉しい」

要するに、出社勤務であれ在宅勤務であれ、**どれだけ頑張って働いていても、誰かが自分のことを気にかけてくれていると感じられず、承認欲求が満たされていない**人が本当に多かったのです。

特定の作業やタスクの処理というだけのマッチングをしても、それは「情報のやり取り」として処理されるだけで、そこには働く人への承認やリスペクトなどのやり取りはほとんど含まれていないということになります。

そうして、個人と会社との距離がどんどん広がってしまうわけです。

今は完全在宅勤務という会社も多いですから、心理的にもますます離れがちになるでしょう。

あるいは、**会社との関係が希薄であるが故に、たとえ誰かに声をかけられてもあまり響かず、心から喜べない状態になっている面もある**のではないでしょうか。

自分の働く目的と、会社のビジョンやミッションがうまくマッチングしていないために、会社といいかたちで「つながれていない」のも理由ではないかと思います。

そこで、ユニークピース社で面接をする際は、求職者と応募する会社がしっかりつながれるかどうかを、重要な基準にして進めています。

もちろん、そのためには雇用者側の考え方や仕組みが変わることは必要ですし、そのための働きかけを同時に進めていきます。

そして、求職者サイドとしては、**応募する会社との関わりを、「自分ごと」として感じ取れるかどうか**を大事にします。

それがひいては、顧客や社会との関わり方にもつながっていくからです。

もちろん、実際に働いていく中で、会社との良好な関係が少しずつ醸成《じょうせい》されていく場合もありますから、最初から多くを求めたためにチャンス自体を失ってしまっては元も子もありません。

しかし、最終的に**自分の能力を存分に発揮するためには、やはり自分の働く姿や成果をしっかりと見てくれる人とのリンクが必要不可欠**です。

そうした存在が組織に沢山いれば、個人の働きがいや充実度、また離職率などもかなり変わってくるのではないでしょうか。

誰もが唯一無二の価値を持っているのはあきらかです。

ですが、結局はその**ユニークな価値を基にして、人と関われる場所が必要**だということです。

逆にいうと、**会社とのつながり方によって、これまで眠っていたユニークな個性を発揮できる可能性がある**とみることもできます。

ユニークな能力を発揮し、自分の能力を輝かせるという意味でも、会社の規模感や給料、各種制度に目を奪われるのではなく、**「自分をどのように輝かせてくれる会社なのか」を求める視点と姿勢**がとても重要なのです。

私がユニークピース社を起業したのは、一人ひとりがユニークなままで、輝いて存在できる未来を創りたい思いがあったからだと書いてきました。

そのために、一人ひとりの未知なる可能性を引き出し、ユニークな特性や能力を発揮できる仕事や機会を提供するサービスを、今まさに作っているところです。

そして、もう一つの目標は、**様々な社会課題の解決のために、ユニークピース社だからできる価値を提供し、社会に貢献できる「一点物」の事業を作っていく**

ことです。

現在の日本は、少子高齢化をはじめ様々な課題があり、ビジネス環境としても大きな岐路《きろ》に立たされています。

第1章で詳しく述べますが、特に地方では人手が急速に減少し、働く人の特性や能力と仕事のミスマッチが多くの社会課題を生み出しています。

また、都会でも、企業の離職率の高さに象徴されるように、企業自体が働く人にとって魅力的な場所でなくなりつつあります。


「なんのために働くのか」

「わたしの価値とはなにか」

「自分にとってやりがいのある仕事とはなにか」


そのような、**働く人が日々感じている疑問や違和感から生じる本来の課題を置き去りにして、ただ労働力を補塡《ほてん》補充《ほじゅう》すればいいという考えでは、かえって問題が悪化していく**でしょう。

しかし、それでも私は、日本社会の価値と底力はこんなものではないとも思っています。

なぜなら、これまで**様々な理由から埋もれていたユニークピースたちが、日本中の至るところに存在している**からです。

私自身、そうした人たちと沢山お会いしてきました。

彼ら彼女らに光をあて、適切なかたちで充実して働ける機会を作り、企業や社会とつなげていくことによって、日本社会はまだまだ十分にポジティブな変化を起こせる可能性を秘めていると確信しています。

もちろん、子育てが手離れしはじめたママ向けの事業を立ち上げたのも、その一環。そこには眠っている個性や能力があり、今の社会に不足している力を発揮できるユニークピースが数多く存在する象徴的な領域だからです。

次章では、ユニークピース社が現在展開している様々な事業を通して、ユニークピースが輝くための道筋を考えていきます。

第 1 章

ユニークピースのつなげかた

ユニークピースが輝けない日本社会

ユニークピース社は、日本全国にいるユニークピースがそれぞれの能力を発揮し、個性を存分に活かして働くために、手はじめとして、2023年11月に**子育てが手離れしはじめたママ向けの人材サービス「ママアイリ・キャリア」**（**現ママアイリキャリア）**をスタートしました。

「能力を活かして働きたい」
「もう一度仕事に挑戦したい」
「キャリアを高めたい」
「もっともっと稼ぎたい」

そんな思いを持つママを支援する、リキャリアに特化したサービスです。

現状の日本社会では、女性が社会人として多種多様な職務経験を積みながらも、ママになった途端にキャリアが断絶されるパターンがかなり見られます。

今、多くの日本企業では、産休や育休の制度を手厚くし、取得後もすぐに職場に復帰して働けることをアピールしています。


でも、**実際は会社に戻れたとしても、かつて持っていたキャリアの道筋は閉ざされていて、ママの意欲を削ぎ落とすような制度や仕組みなどが数多く存在している**のです。

時短勤務や在宅勤務などの制度が整うこと自体は喜ばしいのですが、そうして働きはじめると、結局はママになる前に築いていたキャリアが、そのまま失われたキャリアになっていることが実に多いのです。

かつて経営幹部候補とされていた女性でさえ、キャリアがあっさりと断絶してしまうのが、日本社会の偽《いつわ》らざる実像です。

経済協力開発機構（OECD）の調査によると、**日本における男女の賃金格差は、2022年で21・3％もの差があり、年々縮小傾向にあるものの、これはOECD（＝先進国）平均の約2倍という数値**です。

これはつまり、女性の労働参加率自体は上昇傾向にあるにもかかわらず、雇用形態はパートやアルバイトなどの非正規雇用が多いということを意味します。

加えて、管理職割合の低さや、勤続年数の短さといった問題が解消されず、いつまで経っても根本的な問題解決に至っていないわけです。

そんな働くママに関する問題が少しでも解決され、生き生きと能力を活かせる環境になれば、日本の活力は間違いなくもっと上がっていくはずでしょう。

なによりママたちがユニークピースとして輝ける、素敵な世の中になっていくのではないでしょうか。

見えないバイアスがママを家庭に押し込める

ママの再就職、ひいては女性の社会進出がなかなか進まないのは、働くママの意欲が削ぎ落とされるような制度や仕組みなど、いろいろな原因が考えられます。ただ、その根本にある原因は、**昭和時代に端を発する「護送船団方式」を前提にした企業経営と就職・労働市場が、いまだ強力に機能している**ことだと私はみています。

その「護送船団方式」が会社や組織のあり方、制度の作り方そのものを規定しており、新卒一括採用をはじめ、既存の方式・仕組みを抜本的に変えられない、あるいは変えると組織構造の維持に大きな支障をきたす現状があるからです。

さすがに日本経済の長期に亘る低迷や、生産年齢人口が急速に縮小する環境の下で、終身雇用や年功序列といった制度は崩れつつありますが、それでも大企業を中心に、正社員に限って手厚く保護している現状があります。

そうした強力なシステムが機能しているところに、それこそ子育てが手離れしたママが再就職しようとしても、正社員としての採用はおろか、業務委託などの仕組みを構築することすら難儀している企業も数多く存在します。

つまり、**ユニークピースとして輝きたくても、既存の会社や組織の仕組みにうまくはまることができず、優秀なママたちがほとんど活躍できない**のが、この国の労働市場の現状です。

ママを例にして述べましたが、私はこれこそが今の日本社会で、オリジナルの個性や能力を持つユニークピースが輝くことのできない根本的な理由だと考えています。

もう一つの問題は、世の中に働くママに対するバイアスが存在することです。

「ママは家庭にいて、子どもを育てるほうが向いているのでは」
「ママが仕事をしても、結局家庭の都合が優先されるから使えない」
「子どもを持たない社員の負担が増えてしまっている」

そうした**ママに対する偏見やゆがんだ価値観が、世の中に強く存在していること**も理由といえるでしょう。

その中には、たとえ差別や偏見の意図がなくても、無意識に刷り込まれているアンコンシャス・バイアスによって、「働くママは使いづらい」という空気やイメージが生み出されている場合もかなりあります。

さらには、**そうした世の中の空気の中で、ママ自身がいつの間にか持ってしまう自分に対する自信のなさや、ネガティブな価値判断の存在も見逃せません。**

例えば、子どもが育つに従って、家の中の主役が子どもになり、女性は家庭において「子どもを支えるママ」という位置づけになり、自らもそうした価値観に規定されてしまうわけです。

家庭内における、自分自身すらも強い影響を受ける価値観や偏見などによって、ますます女性を家庭の中に押し込めることになっていると感じています。

まずは「ママ」のリキャリアからはじめる

しかし、**現在は「人生100年時代」といわれるほど、人が生きていく環境や条件自体が激変している、大きな時代の変化の最中**にあるのも確かです。

ベストセラー『LIFE SHIFT 100年時代の人生戦略』（リンダ・グラットン、アンドリュー・スコット著、東洋経済新報社）ではこう述べられています。

人が長く生きるようになれば、職業生活に関する考え方も変わらざるをえない。人生が短かった時代は、「教育→仕事→引退」という古い3ステージの生き方で問題なかった。

しかし、寿命が延びれば、二番目の「仕事」のステージが長くなる。

そこで、3ステージの人生に代わって登場するのがマルチステージの人生だ。たとえば、生涯に二つ、もしくは三つのキャリアをもつようになる。

そうした時代の流れの中で生き抜いていくには、当然ですが、一度会社を辞めたママでも自分のキャリアを何度でも描き換えていいということです。

また、それが可能であるべきだとする価値観が、世の中に少しずつですが浸透しつつあります。

それでも、そんなママたちが実際に仕事を探そうとした時、ママに寄り添える細やかな人材サービスが世の中にないのではないかと、私は強く感じていました。

つまり、**マルチステージの人生を生きていくための「実際のステップ」が用意されていないことで、自分の価値に気づきにくく、可能性を描きづらくなっている人がとても多い**と感じていたのです。

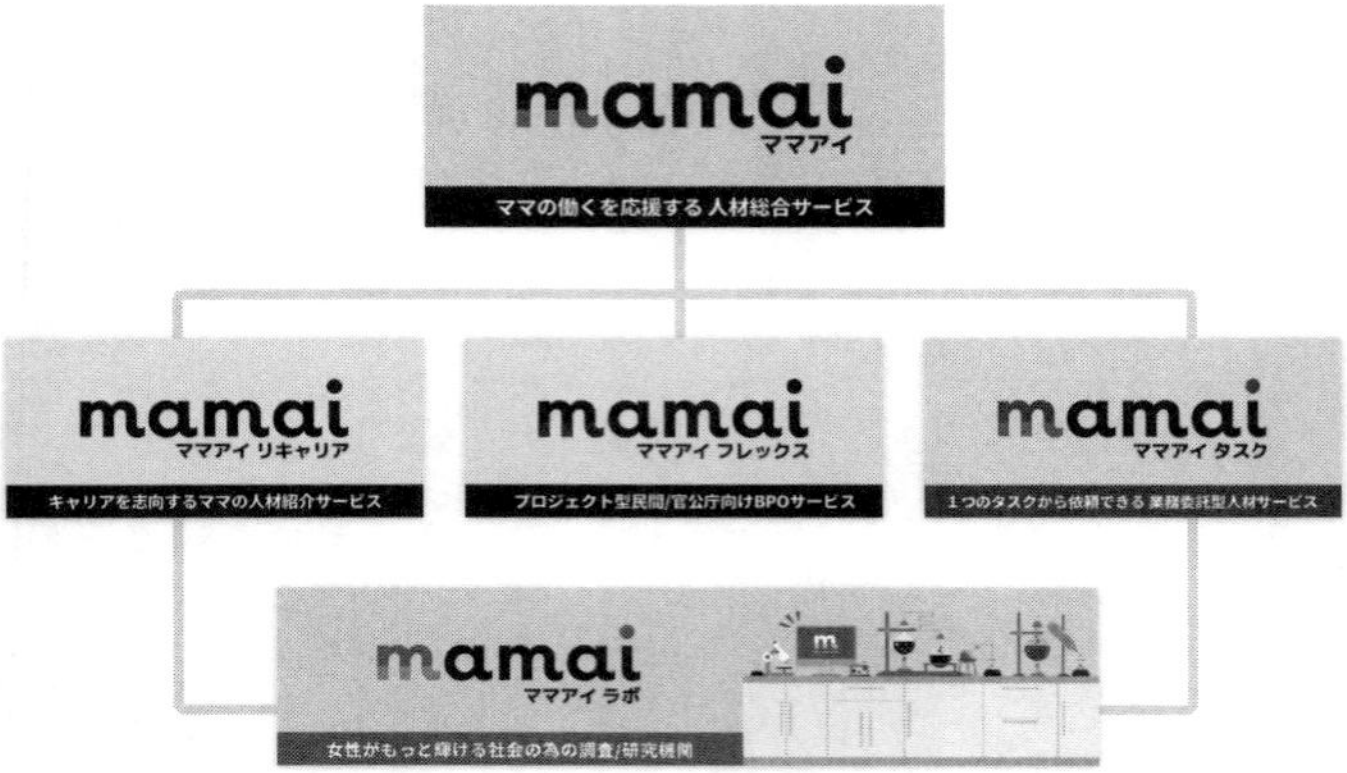

そこで、先に述べたように、子育てを手離れしたタイミングのママを対象に人材サービス「ママアイリ・キャリア」を立ち上げ、2024年6月には、**一層のサービス拡充を目指し、「ママアイ」という総合サービスへと進化**させました。

この「ママアイ」サービスの下、ワークスタイルごとに「ママアイリキャリア（人材紹介サービス）」「ママアイ フレックス（プロジェクト型ワーク）」「ママアイ タスク（オンライン型ワーク）」という三つのサービスブランドを設けました。

さらに、「ママアイラボ」という調査研究機関を設置し、サービス利用者の可能性の拡大を目指した情報発信も強化しています。

2024年12月現在、累計登録者数が2000人を超え、当サービスに登録する沢山のママたちと、今まさに面談を進めながら、実際に企業との接点を作っている最中です。

ママたちの経歴は実にバラエティーに富んでいます。

銀行に勤めた後、社内結婚を機に退職し、出産を経て専業主婦をされていた、ある意味〝わかりやすい〟経歴の人もいます。

または、語学を得意とし通訳の仕事をしながらも、もっとキャリアアップしたいと考えて登録された人もいます。

出産まで飲食店で働き、子育てがひと段落したところで再び調理の仕事を探す人もいます。

なかには、元ミス・ユニバースの方がエントリーされたケースもありました。

「ママアイ」はまだまだ小さい媒体であり、登録数もそれほど多くはありませんが、それでも幅広い年齢層と職歴を持つ女性たちが、1日5件ほどのペースで登録されています。

嬉しいこともありました。

ママ向けの人材サービス事業をスタートしたものの、人材業界はどうしても既存の大手数社に人が流れていく仕組みになっているため、インターネットで情報を出しても埋もれてしまいます。

それこそ、広告費を億単位で投下しなければ、全く勝負になりません。

今の社会の写し鏡であるかのように、「強い者がとことん強くなっていく」状態が、まさに人材サービス業界にあるわけです。

その中で、どのように差別化していくのかが、事業としてもメディア戦略としても非常に重要になります。

そこで、対象となるママたちが在住すると見込まれるエリアに絞って、新聞の折り込みチラシといったアナログ広告を集中して出す工夫をしました。

すると、約2カ月で100名近い方に登録していただけたのです。

彼女たちにヒアリングを行ったところ、こんなことを言ってくれました。

「わたしのような育児が手離れしたママのニーズを汲んでくれる媒体がないのでよかった」

「自分の可能性を追求するために頑張れる仕事に出会えた」


ユニークピース社がやりたいことに対して、共感して関わってくれるママが沢山現れたのです。

情報が飽和しているように見える世の中でも、**ユニークな切り口にこだわり、埋もれているニーズを丁寧に掘り起こしていけば、まだまだ新しいビジネスチャンスを見出せる。**

そんなことを実感できたので、「ママアイ」の今後の成長をとても楽しみにしているところです。

個人の可能性に〝スイッチ〟を入れる

現在、ユニークピース社では「ママアイ」サービスに注力していますが、私たちの狙いは、**既存の人材サービスがフォローできていない、「働く人が自分の価値に気づき、自分のキャリアを描き、自分の可能性を広げていける」という点にフォーカスすること**です。

ただ仕事を紹介するだけなら、求職サイトで検索してもらい仲介料をいただけばいいだけでしょう。

先に述べたように、今はＡＩが求職者と企業や仕事をマッチングする仕組みがどんどん広がり、ますます効率的にビジネスが展開されています。

それ故、世の中には大手・中小問わず、人材サービスがごまんと溢《あふ》れている状況になっています
それでも私は、**働く人が自分の価値に気づき、自分の可能性を広げていくための機械では押すことができない〝スイッチ〟がある**と考えています。

そこで、「ママアイ」では月に1回、会員登録不要で参加できる、お仕事紹介セミナーを主催しています。

このセミナーでは、「ママアイ」のコンセプトを知ってもらう案件の情報も提供させていただくのですが、それ以上に、**仕事を通して「自分がどのように幸せに働けるのか」「どのくらい挑戦し、成長できるのか」**という、ご自身の可能性を見つめ、キャリアを探していく手がかりとなるコンテンツと共にお伝えするスタイルで行っています。

だからこそ、自分の可能性と共に、家族との生活や今、自分に与えられている環境と照らし合わせて、無理なく幸せに働けるかどうかを考えていくことができるわけです。

具体例を一つ挙げると、息子さんが引きこもりの状態だというママが、ある日面談に来てくれました。

そうした事情によって家からなかなか出ることができず、このまま時間だけが過ぎていくのではないかと暗い気持ちで過ごしていたところ、たまたまネットでお仕事紹介セミナーを見て参加されたのです。

面談を重ねる中で、「自分にはまだ新しい可能性があるのではないか」「自分のために仕事をすることで、息子との関係にも変化が起こるのではないか」とお考えになり、未来の可能性へ向けて一歩を踏み出されました。

現在は、在宅勤務で新しいスキルを学ぶこともできる仕事をし、時間を調整しながら意欲的に働いてくれています。

このように、当社独自のお仕事紹介セミナーを、実質的なマッチングであると同時に、自分の価値とキャリアを見つめ直すきっかけになる、ユニークピースを掘り起こしていく場へと発展させていきたいと考えています。

私は、どんな人であっても、働ける可能性を持っていると信じています。**必要なのは、その可能性と気持ちに対して〝スイッチ〟を入れられるかどうかなのです。**

世の中には、自分自身でスイッチを入れてどんどん前へと進んでいける人もいるでしょう。

ですが、そうではない人たちに対して、**自分の可能性に挑戦する意欲や、一歩を踏み出す勇気を醸成していくことが、今まさに人材サービスに求められていることであり、**日本の社会にとって重要なことだと考えています。

既存の人材サービスでは得られない、「一点物」の価値を提供していきたいと思うのです。

仕事を与えるのではなく、キャリアを描いてもらう

このように、私たちはママたちがリキャリアし、ユニークピースとして働く市場の重要性を、世の中に広く発信したいと考えています。

そこで、「ママアイ リキャリア」では、真の「女性のキャリアアップ」を目指し、キャリアカウンセリングやリスキリングのトータルサポートも行っています。**リキャリアという、心理的にも能力的にもハードルが高くなりがちな人生の転機におけるママたちの選択肢を最大化する**のが狙いです。

現在、多くのママたちに登録していただく中で、更なるスキルアップと成長の機会を求めるママがかなり多いことがわかりました。

そうしたキャリアアップを目指すママたちのニーズに応えるべく、多種多様な企業との連携を模索しています。

一例を挙げると、2024年2月に、女性の活躍を支援するオンライン経理スクールコミュニティを提供する、株式会社Cuelとのサービス連携を開始しました。

サービスに登録しているママたちに向けて、お金の知識やファイナンススキルを身につけるためのセミナーを定期的に開催しています。

また、Cuelのオンライン経理スクールコミュニティを受講する方に対しても、キャリアアップのためのお仕事紹介や、「ママアイ リキャリア」のキャリアカウンセリングを提供し、学んだスキルを新しい仕事で活用できるように促進しています。

このように、「ママアイ」サービス開始から約1年という段階においては、まずは柔軟かつスピーディーに対応できるベンチャー企業や、即戦力を求める中小企業に対して、ママとの接点を増やしていきたいと考えています。

もちろん、大企業にも積極的に営業をし、取引していただける企業も少しずつ増えてきました。

ただ、なかには、「うちは働くママのことを考えて制度設計をしている」「復帰しやすい仕組みを整えて仕事も用意している」などとおっしゃる企業ほど、ママ人材の活用についてヒアリングすると、当然のように「短時間の在宅勤務で働いてほしい」「パートタイムであれば仕事がある」という考え一辺倒の企業も多く見受けられます。

ですが、**私たちが変えたいのは、そうしたママに仕事をあげる、ママを効率よく活用するという考え方や価値観と仕組み**です。

ママがもう一度自分のキャリアを描いて働ける仕組みを構築したいのです。

それらを企業に提案し、少しでも取り組み方を変えていただくには、まだまだ時間がかかることは日々営業しながら肌身で感じるところです。

一方で、リキャリアの挑戦を受け入れてくれる企業は少なからず存在するので、その数を増やしていくために積極的に動いています。

ユニークピースと「働く機会」をつなげる

先に、日本社会で個性と能力を持つユニークピースが輝くことのできない根本的な原因として、「護送船団方式」を前提とした企業経営と、就職・労働市場が強力に機能していることを指摘しました。

ママ人材に限らず、個性的な才能や能力を持つ人の活躍の場が見出しづらく、欧米諸国ではむしろそういった人のほうが活躍できる労働市場があるのに対し、日本社会ではユニークピースがとかく埋もれがちです。

これには**仕組み・制度上の問題に加えて、一人ひとりのマインド面や、それを醸成する教育の問題**も横たわっています。

簡単にいうと、**みんなと同じレールに乗らなければ不安になり、見えないルールや暗黙の了解、周囲の目線や空気に縛られて能力を自由に発揮できなくなる場面がとても多い**わけです。

時代と共に、個性的であることを尊重する教育が進められていますが、それでも、日本社会では真に個性的であることに対して、一定の限界値のようなものが存在すると感じてなりません。

学校には「やってはいけない」ことを並べた規則があり、それは最低限必要なものではありますが、一方でその規則が、眠っている才能を知らず知らずのうちに抑えつけている面も多分にあるのではないでしょうか。

そうした教育によって、一人ひとりのマインドや価値観、周囲からの評価や世の中の空気感が醸成され、ユニークな個性や特性を積極的に伸ばしてきた人たちですら、労働市場に入りづらい環境を形作っている面があるのです。

現在ユニークピース社では、才能あるデザイナーが働いてくれていますが、彼女はずっと美術関連の教育を受けてきたため、いざ社会に出て一般企業に就職した時、適応するのがとても難しかったといいます。

その理由を聞いたところ、彼女はこう答えました。


「息苦しくて、とてももたなかったんです」


会社のルールが合わなかったのか、就業環境が合わなかったのか、空気が合わなかったのか、いろいろな理由があると推測しますが、私はこの一言に思いが凝縮されているなと感じました。

要するに、**息苦しいというのなら、それは息苦しい**のです。

せっかくユニークピースとして就業できたとしても、受け手企業や社会の意識が変化しなければ、当人たちは違和感を抱いてしまいます。

そして、息苦しさを感じながら働くことになってしまいます。

人材サービス業の観点でいうと、マッチングありきで無理に人材を企業にはめ込んでも、誰も幸せにならず、かえって離職率が増加するということです。

そこで、ユニークピース社では、生来の個性や特性を活かし、特技や専門スキルを持つ人に対して、ユニークピース社の傘の下で一緒に働き、能力が出しやすく、個性を引き出しながら働ける環境を提供することにも、トライをしはじめています。

ユニークピース社が顧客企業との間に入り、業務委託の形式を取ることもできます。

例えば、プロジェクトベースで働く選択肢を用意し、仕事を通じてお互いを知る期間を設けながら、ゆくゆくは入社も視野に置いて働くという選択肢もあり得るはずです。

そのためには、一人ひとりのユニークピースに対して細やかな対応が必要ですが、**私たちがクッションとして間に入ることで、人と企業をつなげる役割を果たす**ことに取り組んでいます。

それらを、まずママ人材を対象に展開しているのが、54ページで紹介した「ママアイ フレックス（プロジェクト型ワーク）」や、「ママアイ タスク（オンライン型ワーク）」などのサービスです。

私たちの挑戦は、やはりユニークピース一人ひとりの能力を最大化できる、その人が輝ける場所を見つけてつなげていくことです。

職種や仕事の枠に無理にはめ込み、企業とのマッチングありきで考えるのではなく、能力を存分に発揮し、中長期的なキャリアを描いていける機会を作ることが前提です。

それがユニークピース社らしさの実現であり、他社との差別化になると考えています。

ユニークピースと「地域の課題解決」をつなげる

ここまで、ママ向けの人材サービスの取り組みについて述べてきましたが、このサービスをコアにしながらも、一つの領域に特化することは考えていません。

むしろ、**世の中にある「困りごと」を、つまり様々な社会課題の解決をどのように事業化できるのか**を常日頃、考えています。

例えば、地方自治体には地域課題が沢山存在していますが、その一つとして、**地域の「移動困難者」の課題解決**にトライしはじめています。

今地方では急速に高齢化が進み、いわゆる買い物難民や病院難民などと呼ばれる、移動困難に関する問題が顕在化しています。

高齢化によって免許を返納する人も増え、タクシーをはじめ地域の足がどんどんなくなっているのです。

そこで、そうした課題を地域内の仕事を通じて、地域で自走できる形で解決するためのお手伝いを開始しました。

具体的には、一般社団法人ソーシャルアクション機構が構築している「福祉Ｍｏｖｅｒ」に代表されるような、福祉車両の有効活用です。

ほとんどの地域には介護施設や福祉施設がありますが、そこに通うための朝夕の送迎車両は、実は昼間は空いているのです。

また、タクシーの運転手も、昼間に乗せる人が少ないことから手を持て余している実態があります。

そこで、**タクシー会社と協業し、福祉車両を活用して、域内で移動困難者に対応する仕組み**が考えられます。

事業に携わるすべての人に利益を

現在は、地点から地点へとピンポイントで送迎できるデジタルテクノロジーが存在するため、それを活用すれば買い物や通院のために、ユーザーが気軽に利用することができます。

そのための実証実験をいま数カ所で開始しています。

さらに、その**業務の管理を担う事務局をママ人材に任せていければ、人材サービスとして循環していく**仕組みを作ることができます。

あくまで事務局なので、その地域に住んでいなくても、オンラインの在宅勤務でこなせますから、ブランクがあるママでも新しく仕事に挑戦できるいい機会になるはずです。

地域の課題解決を事業化するにあたり、もっとも大切なのは、一過性ではなく、10年、20年と続けていけるような事業をいかに作っていくかという視点です。

そのためには、地方自治体と民間企業が協業しながら、**地域の方々の事業として自走できる仕組みが必要**です。

そして、自走をしていくためには、やはりしっかりした収益をあげなければなりません。

その事業に携わる人すべてにとって利益があり、自分たちの仕事として地域と結びつく仕組みを作っていくことです。

それは、日本社会を変えていく面白く魅力的な事業でもあり、今後もユニークピース社として注力していく領域と捉えています。

ユニークピースと「企業」をつなげる

ユニークピースとの接点を作る意味では、**ユニークピース候補生ともいえる学生と企業を「つなげる」**ことも、当初より事業化を視野に入れていました。

そこで、2023年12月、学園祭やサークルなどに使用する学生に特化したオリジナルユニフォーム事業を提供していた企業から、事業継承のかたちで、『ガクユニ』というサービスをスタートしました。

この事業は、もともとの会社のメンバーたちの「学生を支援したい」「学生生活を楽しく過ごしてほしい」という強い思いによって、全国各地の学生と関わりを持ち、広く支持されていたサービスです。

今回この事業を、オリジナルユニフォームの取引をきっかけに、学生生活をより楽しくユニークにすることを目的にして、さらに進化させるというわけです。

具体的には、**アパレル商材の提供に加えて、協賛の提案など、取引団体にとって有益な情報や機会を積極的に提供**していきます。

ガクユニホームページより

これまで学生と企業の接点の多くは、就職活動やインターンシップという形で作られるのが常でした。

しかし、私は以前から、**学生と企業の接点を多様化することが必要であり、またそれは面白い事業の試みになる**と考えていました。

私たちが事業継承した会社は、オリジナルユニフォーム事業を20年に亘って続ける中で、学生に対して「いろいろな相談ができる大人」という、独自の立ち位置を築きあげてきました。

周囲に社会人経験が豊富な人たちが少ない環境にある学生たちに、それこそ学園祭やサークル運営などで「困りごと」が生じた際に、いろいろなことの相談に乗ってあげられる存在だったのです。

つまり、**ユニフォーム受注・作成が事業でありながらも、同時に学生のための〝社会の窓口〟としての役割を果たしていた**というわけです。

この独自の接点を持っていた点がユニークであり、学生と企業の関係性として、就職して所属するだけでなく、別の関わり方を作れる可能性があるのです。例えば、学生と卒業生（社会人）が、アルムナイとして関わる機会や仕組みを作ることができます。

企業が学生たちに十把一絡《じっぱひとから》げにアプローチするだけでなく、一人ひとりと丁寧に接点を持つことができれば、たかだか数回の面接によって生じる採用のミスマッチも改善することができるでしょう。

また、個性的な能力を持つユニークピース候補生を発掘し、採用したいと考えている企業はどんどん増えているため、それらの**企業と学生との接点として両者をつなぎ、社会への新しいゲートになる**可能性があります。

これからの日本を担う若者たちに、「出会えてよかった」と思ってもらえる存在になれるように、『ガクユニ』サービスを進化させていく予定です。

加えて、学生だけでなく、ビジネスシーンや各種イベントもユニークにする、オリジナルユニフォーム制作サービス『ビジユニ』の展開も進めています。

世の中の「困りごと」から価値を見つける

世の中を冷静に見渡してみると、社会には課題が沢山あり、そんな**世の中の「困りごと」を解決していく道筋を考えることが一つひとつの事業の種になる**と、私は考えています。

ただし、事業の種は至るところにありますが、実際の事業へ変えていくには、**一時的な問題解消ではなく、長期に亘り継続して課題に向き合う姿勢と体制が必要**です。

とりわけ地方創生事業などは、その多くがビジネスとして成立していないか、ギリギリで運営しているといわれており、赤字のまま運営を続けて予算が取れなくなり、結局は数年で閉めるような事例もかなり見受けられます。

繰り返しになりますが、**事業は10年、20年と続いてはじめて事業として成立するの**です。

そこで、これから新しい事業を見出す一つの方向性として、**既に国や地方自治体が取り組む事業の中で、まだ民間企業があまり挑戦していない領域に、多くの機会が潜んでいる**とみることもできます。

日本には戦後から高度経済成長期にかけて作られた事業や仕組みが沢山あり、これまではうまく回っていたものの、時代の変化に伴い制度疲労を起こしている場合が多々あり、そうした領域に新しい事業の種が沢山眠っているからです。

先の「移動困難者」の課題にしても、少子高齢化による人手不足という面だけでなく、地域の医療・介護保険料の支出が右肩上がりに増え、地方自治体の財政を圧迫している背景があります。

すると、それらの地域の医療費負担の問題と、交通課題を掛け合わせた先に、新しい事業の可能性（=介護タクシーの活用）が見えてくるというわけです。

また、今ベンチャー企業の経営者としてリアルタイムに感じていることは、**小さくてニッチな事業ほど面白い事業の種になり得る**ということです。

そうした領域にこそ、まだ誰も挑戦していない事業の種が眠っていて、かつ継続的に収益をあげられる可能性も沢山あると感じています。

ニッチといっても、それは入り口が狭く見えるだけです。

一つひとつの小さな「困りごと」に真摯《しんし》に向き合うことが、実は地域に住む人々の生活に大きな影響を与え、結果的に幅広い社会課題の解決につながっていくパターンは十分にあり得ます。

日本の企業は事業をプラットフォーム化するのが苦手で、近年はGAFAMを筆頭とする海外のプラットフォーマーに市場を席巻されてきました。

しかし、そんなプラットフォームでも改善・解決できない社会課題が、今の日本にはまだまだ数多く残されているのです。

つまり、エンドユーザーの手に質のいいサービスが提供されていない現状が沢山あり、それらの課題と、背景や原因を掛け合わせてはっきりしてくるポイントがあると、ニッチな事業でもいずれ必ず広がりを見せていきます。

そして、広がりがあるからこそ、事業の継続性が高まっていくのです。

世の中の「困りごと」に敏感になることは、自ら事業をする人に限らず、ビジネスパーソンが最低限持っておいたほうがいいビジネス感覚だともいえます。

エンドユーザーの現状から目を逸らさずに、**「自分たちの仕事はどのような価値を提供しているのか」**と深く考える視点は普段、皆さんが取り組むビジネスにおいて、新たなニーズや市場の見つけ方に直結しています。

そして、**世の中の「困りごと」に敏感になる姿勢や考えかたこそが、本書のテーマである、個人の「価値の見つけかた」にもつながっている**と思うのです。

ユニークピースの事業マップ

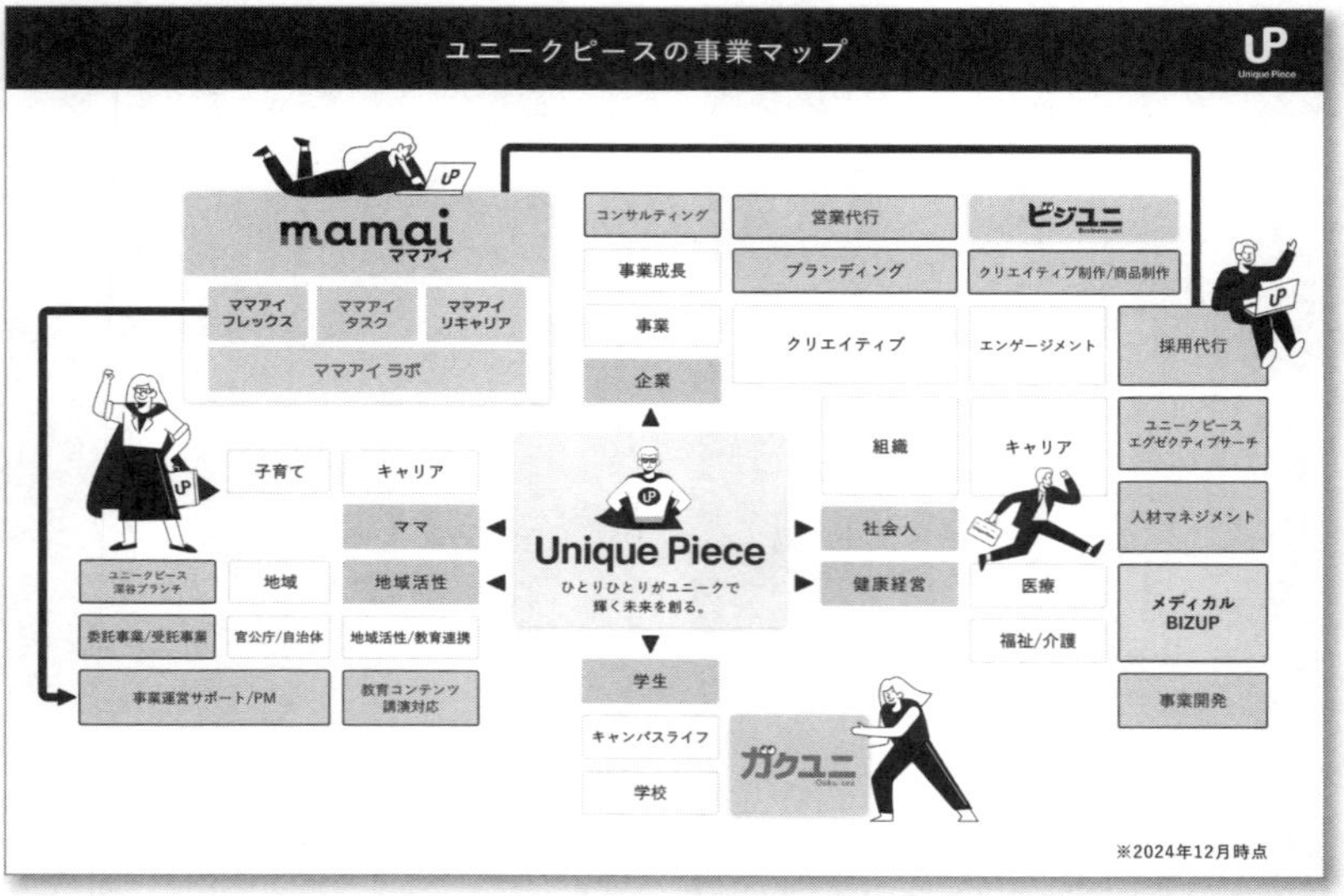

ユニークピース社ホームページより

ユニークピースの接点となる

今の世の中では、誰しもが自ら検索して情報を得たり、自由に情報を発信したりすることができます。

また、自分たちで事業を起こすといった、課題解決のための選択肢や仕組みは、一昔前に比べて格段に整っています。

自分自身や社会における課題を、自らの力で解決していける可能性が、個人レベルでも組織レベルでもどんどん増えているといえるでしょう。

片や、自らそうした可能性を発揮しない・できない場合も沢山あるのが、現実だともいえます。

私はかつて、農業情報総合メディアを立ち上げた経験があります。

農業の領域は、様々な理由から生産者が規制や補助金などで守られており、生産・収穫から流通という一連の決められた仕組みの上で事業が成り立つことが一般的です。

これはまさに、**令和時代においても、いまだ高度経済成長期の右肩上がりの時代を前提とした仕組みとルールの中で生きている人が数多く存在する**ということを意味します。

そうしたあり方がおかしいと主張しているのではありません。

ただ、農業の領域には、本来もの凄く大きな可能性と新しい労働力が眠っており、それらをもっと効果的かつ有機的に活用することができれば、日本の農業は一変する可能性があるということなのです。

世の中の、いわば「当たり前」とされているものの中には、時代にそぐわない仕組みやルールを前提として続いているものが沢山あります。

そこに着目していくことが、事業としてはもちろんのこと、働く一人ひとりにとっても未知なる可能性につながっていくのではないでしょうか。

そして、そんな**既存の仕組みやルール、価値観などによって、自分の個性や能力を発揮しづらくなっている人たちこそが、私が考える「ユニークピース」**たちなのです。

出産によってキャリアが途絶えたママ、少子高齢化の波に揉まれる地域のタクシー運転手、既存の生産・流通の仕組みの中で働く農業従事者など、**本当はもっと活躍できるのに、世の中の仕組みや価値観の中でうまく活用されていない一人ひとりがユニークピース**だということです。

高齢化によって増えていくシニアだって同様です。

当たり前のようにガードマンや運転手、マンション管理人などの仕事が割り当てられる現状が、日本の社会に根強く存在します。

シニアがその仕事を選ぶこと自体に問題があるのではなく、**仕事が固定化され、選択肢や可能性の幅があまりに少ないことが問題**なのです。

同じことがママにもいえます。

当たり前のようにパートで働く仕事が割り当てられる価値観と、あまりに狭い選択肢が問題であり、それらを変えていかなければ、この低成長といわれる時代に、日本経済全体はますます縮小していくことしょう。

自分を活かし切れないすべての人へ

ユニークピースというと、もともと際立った個性を持つ人というイメージがあるかもしれません。

既存の会社や組織の枠組みに収まりづらいため、その類《たぐい》まれな能力をうまく発揮できない人たちです。

もちろん、そんな人たちもユニークピースです。

実際、当社に面談に来る人の中には、プロ人材として登録したい意志を持つ個性的な人が結構な数でいます。

その一方で、組織との接点をうまく見出せない方もいて、そうした方々に能力を発揮できる場所を提供していくのも私たちの使命です。

ただ、私の考えるユニークピースとは、もともと能力や才能を持っている〝エッジの立った人〟に限ってはいません。

そういった人たちだけなく、**様々な社会課題の背景に存在し、本来はもっといい形で活躍できるはずなのに、既存の制度や仕組みが疲労を起こしているために、うまく才能を活かし切れていない人たち**も含むのです。

そんな社会的にうまく循環していない労働市場の現状に対して、メスを入れていきたいと思っています。

世の中にある「困りごと」を点として、そこで働く人が持つ価値や個性、強みや能力なども点とするならば、その点と点を結びつけることで、新しい事業や可能性が生まれるはずだと信じています。

あるいは、人と人とが接点を持つことで、それぞれの強みと弱みを相互に補完し合うチームやプロジェクトを作ることもできるでしょう。

ユニークピース社のビジネスモデルは、そうした接点そのものになることであり、社会課題の解決のために、あらゆるユニークピースを有機的につなげていくことだと考えています。

次章では、私の成功と挫折《ざせつ》、再起するまでのキャリアの道筋を振り返り、なぜユニークピース社を設立するに至ったのか、池本博則とはそもそも何者なのかについて説明していきます。

第 2 章

ユニークピースの一人として

地獄の日々から得られるものもある

私は徳島の片田舎にふたり兄弟の次男として生まれ、ごく普通の少年時代を過ごしました。

小学生の頃から学校の先生になりたいという夢があり、その夢は中学時代までは膨らんではいたものの、中学2年生頃からあまり勉強をしなくなりました。

その理由は、中学時代に部活が楽しくなり、テニスや陸上競技に打ち込むようになったからです。

入学当時は上位だった成績がどんどん下がっていったのを、まるで他人事のように眺めていたのを覚えています。

ただ、そうしてスポーツに力を注ぎ、ある程度の結果も残していたので、スポーツ推薦で高校に入ることができました。

その学校は県内で有数の進学校だったので、その学校に勉強しなくても入れるという安易な発想があったことは否めません。

思い返すと、やっぱり勉強から少し逃げていた面もあったのでしょう。

運動は頑張っていましたが、受験を体験せずに県内有数の進学校に入学することになり、「本当に入っていいのかな?」という気持ちもありました。

高校では、スポーツ推薦生として、伝統あるラグビー部に入部することになりました。

でもこれが、地獄の日々のはじまりとなったのです……。

練習はかなりきつくて、1年生と2年生の頃は、とにかく毎日が嫌で仕方がないという記憶しかないほど……。足裏の皮がすべてずるむけになった時もあれば、鎖骨が折れたり、靭帯《じんたい》を切ったりしたこともありました。

それでも、ラグビーの指定校推薦で入ったこともあり、そもそも勉強はあまり期待されておらず、「とにかく練習に行きなさい」という雰囲気の中、逃げ場が全くありませんでした。

また、当時はまだ部活の上下関係が厳しく、毎日怒鳴られたり怒られたりするばかりで、劣等感を抱いていました。

そんな厳しい先輩のサポートをしながら練習しなければならず、気持ちもどんどん沈んでいきました。

「早く今日が終わってくれないかな」

「いつ辞めると言おうかな」

「辞めたらなにをすればいいのかな」

毎日そんなことばかり考えていたのです。

それでも、自分で推薦枠を選んだという負い目なのか、意地なのかよくわからないような気持ちがあり、「明日だけは頑張ろう」「もう1日だけ行こう」と思いながら部活を続け、結局は高校3年生の最後まで辞めませんでした。

今振り返って思うのは、**あれだけ嫌だったラグビー地獄の日々を体験したことが、皮肉にも自分の「強み」になった**という事実です。

なぜなら、その後の人生でどんなことがあっても、「あの時に比べたら……」と思うと、難なく乗り切れたからです。

社会人になっても何度も失敗し、上司から怒られもしましたが、すべてかすり傷程度にしか感じないのが正直なところです。

あのラグビー地獄の日々がもっとも苦しかったので、どんなことがあっても折れない自信がついたというわけです。

もちろん、当時はそんなことはわかるはずもなく、その時々を幸せに生きることが人生を豊かなものにすることも今となっては理解できます。

そう考えると、果たしてあの日々が自分にとっていいことだったのかどうかは、正直なところなんともいえません。

しかし、自分の強みである「絶対に逃げない姿勢」を形作ったという意味では、3年間ラグビーを続けてよかったのでしょう。

辛い経験は、その時の心情も含めて、その人オリジナルのものであり「武器」となる「価値」が隠れている可能性があるのかもしれません。

たとえ私がラグビーを途中で挫折した後、後悔していたとしたら、それは、次はなにがあってもやり遂げるという「信念」に変わっていたかもしれません。

もう嫌になって「逃げてよかった」と思っていたとしても、自分の限界や気持ちの切り替え方がわかったことが、その後の人生に役立ったかもしれません。

もし、皆さんも辛い経験をやり過ごしたことがあるならば、それだけで凄いことです。

非常に貴重な体験であり、可能であるならば、ぜひ振り返ってみてはいかがでしょうか。

話を私の人生に戻します。

最終的には、3年間の総仕上げとして、全国高等学校ラグビーフットボール大会（通称・花園）に臨みましたが、県予選で脊髄《せきずい》を損傷する重症を負い、病院に運ばれてしまいました。

予選が行われた秋から大学に入学するまで、そのほとんどを入院する羽目になったのです。

将来のことを全く考えていなかったので、途方に暮れてしまいました。

ただ、入院生活の静かな日々の中で、少しずつ大学で勉強したいという思いが出てきました。

中学校2年生から4年半程ほとんど勉強をしなかったので、自分の中のどこかに、「しっかり勉強をしたい」という気持ちがあったからです。

また、ずっと田舎で過ごしてきたので、徳島から近い大都市である大阪に出てみたいという願望もありました。

そこで、またも指定校推薦を利用して、興味があった心理学が学べる大学へ進学することにしたのです。

大事なのは「凄い」の先にあるもの

ラグビーの指定校推薦で大学に入学したものの、そこまでラグビーを熱心にしなくてもいい雰囲気がその大学にはありました。

また、心理学の勉強が想像以上に楽しく、一時は臨床心理士の道を目指そうと考えたほどです。

しかし、私の人生を変える出来事が思わぬ機会に訪れます。

それは、大学2年生の時、友人と初めて行ったアメリカ旅行でした。

当時バスケットボールにハマっていた私は、NBAのスーパースターであるコービー・ブライアントを見るために、レイカーズの地元ロサンゼルスに4日ほど滞在したのです。

そこで圧倒されたのが、ロサンゼルスという都市の大きさと、そこに住んでいる人々の多様性でした。

徳島から大阪へ出たといっても、大阪とは都市の広さがまるで違います。

また、外国人と触れ合う機会もなかったので、あらゆる人種が集まる都市でありながら洗練された街や雰囲気、そして広大な風景を目の当たりにして驚愕してしまったわけです。

中学生の頃からおよそスポーツばかりして生きてきたせいか、あまりに無知だった私は、見るものすべてが「凄い!」と感じました。

なにを見てもただ驚くばかりで、その4日間、まるで一生分くらいの「凄い、凄い」という言葉を連呼していたのです。

しかし、興奮冷めやらぬ帰りのバスの中で、一緒に行った友人にこんな言葉をかけられて、私は大きなショックを受けました。

「凄い、凄いと何回も言っているけど、そんなに圧倒されてどうするの?」

「アメリカ人とも対等に渡り合わなくてはならないんじゃないの?」

「もっと強くなれよ」

そう言われて、私は自分のことが、なんだかとても恥ずかしくなってしまったのです。

確かに心の底から驚き、感動したことはいい体験になりました。

でも同時に、「自分はアメリカに行ったくらいで圧倒される人間なのか」と、目が覚めた体験にもなったというわけです。

また、**凄いものを見たり経験したりした時にただ「凄い」と言って終わるのにはなにも意味がない。それを受けて自分がなにを考え、どう行動していくのかが大事**なんだということにも気づかされました。

「そうだな。学生だからといってぶらぶらしているのではなく、もっと真剣に人生を考えて、自分を変えていかなければならないんだな」

最終的に、友人のひと言で考えさせられた時に思ったことが、後に学生起業へと踏み切る大きなきっかけとなるのでした。

自分の中にある「主体性のボタン」を押す

帰国後、私は英語やパソコンを学べる学校を探し、Wスクールをはじめました。

大学での心理学の勉強は好きだったのですが、実地ですぐに活かせるスキルを身につけたいと考えたのが理由です。

そこで、実用英語技能検定やシステムアドミニストレータ試験などで資格を取得するために学ぶことにしたのです。

もともとパソコンに興味があったわけではありません。

ただ、当時はインターネットの掲示板に文章や写真を載せて表現する人が増えはじめていて、それらを楽しんで読んでいた私は、**「インターネットがあれば自分の個性を自由に表現できるんだ」**と興味を惹《ひ》かれていたのです。

そこで、私も写真を撮ったり、ホームページを作ったりするために、プロフォトグラファーに写真を教わったり、ウェブデザインの講座を受けたりしました。

その過程で、当時流行していた自作パソコンにも挑戦し、パソコン自体にどんどんのめり込んでいったのです。

時はＩＴバブルの真っただ中で、パソコン教室が街中の至るところにできはじめていました。

大阪の各自治体や民間企業もこぞってパソコンのインストラクターを募集しており、最初はアルバイト感覚で、大阪府の寝屋川市のインストラクターをはじめたのです。

パソコン初心者に基本的な使い方を教えるという業務内容でしたが、かつては学校の先生に憧れていたこともあり、**人になにかを教えたり、役に立つ情報を提供したりするのは、とても楽しい体験だと実感することができました。**

また、当時の日給で5000円ほど稼ぐことができ、仕事が途切れることもなかったので、「こんなに需要があるなら、本格的に仕事にするのもいいかもしれない」と思うようになりました。

そこで、「同じアルバイトをしていたメンバーを集めてインストラクターを派遣する会社を作れば、もっと可能性が高まっていく」と考え、仲間と起業することを決意します。

今思えば、**自分の興味関心から、自然な流れに沿って起業した**に過ぎません。

ITバブルのタイミングだったので、自分たちのような若者がITに取り組んでいることを、周囲の大人たちが好意的に見てくれたことも助けになったのでしょう。

寝屋川市の方々も私たちのことを受け入れてくれて、「会社としての契約はできないけれど、引き続き個人で契約はできますよ」と言ってくれました。

なにより大きかったのは、20歳そこそこでの学生起業をきっかけに、**「前向きに挑戦することの楽しさ」**を知ったことです。

私は今でこそ、様々な経験を積んだ上でベンチャー企業の経営者をしていますが、当時の自分を、まるで違う人間のように感じる時があります。

特に、アメリカ旅行に行く前までは、**自分で自分のことを本当に弱い人間だと思って生きていた**のです。

高校ではすべてを犠牲にしてスポーツに打ち込んだのに大した結果を残せませんでした。

大学では心理学の勉強は楽しかったけれど、専門の道に進む決心もつきませんでした。

端的にいうと、**自分に自信が持てない人間だった**ということです。

しかし、アメリカ旅行での友人の言葉をきっかけに、英語やパソコンなどいろいろな勉強に積極的にトライするようになり、やがて自分で身につけたそれらのスキルを使って、いくばくかのお金を稼ぐことができるようにもなりました。

そんな**小さい事実の積み重ねが、自分に対する「弱い自分」という認識を少しずつ変えていった**のです。

時流にうまく乗れた面は確かにあります。

ですが、やはり**「自分で考えて、自分で行動する」という、自分の中にある「主体性のボタン」を押せたことが、自信につながった**ことは間違いありません。

そして、そんな「主体性のボタン」は、私はどんな人の中にも必ずあると信じて、現在の仕事に取り組んでいます。

理不尽な社会の変化に抗えるものは？

起業した会社は順調に成長していき、大学の授業以外の時間はすべて仕事に打ち込みました。

学生なのに働き過ぎたのか、ある日実家の父親から電話があり、「扶養から外れたが、学業はどうなっているんだ？」と怒られるほどでした。

ちょうどその頃、ＩＴ関連機器開発と製造販売を手掛ける株式会社キーエンスが、ネット上の求人情報で、営業パートナーを募集しているのを目にしました。

当時キーエンスは、バーコードリーダーを読み取るＰＯＳシステムのような機器を開発・製造販売をしており、そのシステムを売るためのパートナーを探していたのです。

その内容に興味を持った私たちは、早速、新しい事業として取り組むことを決め、見様見真似で営業をはじめました。

学生の若者が、お客様の会社にアポを取って訪問し、商品のメリットを紹介しながら購入を勧めるわけですから、言葉にする以上に大変です。

営業のイロハを教えてくれる人もいませんでしたが、**「なんとかできるんじゃないか」という根拠のない自信**だけで進んでいきました。

最初は営業のコツや方法も全くわからない状態でしたが、実際に営業する中で、「こんな仕事は嫌だな」と思うことはなかったので、私の性格にも向いていたのだと思います。

営業をする局面になると、**不思議と自分に自信を持てた**のです。

誰かに役に立つ情報を伝えて、その人の仕事や人生に貢献できるという観点で、教師とも似ている面があったからかもしれません。

あるいは、成約した時に、自分の承認欲求が強く満たされたことも関係しているはずです。

いずれにせよ、これが、私が人生で初めて体験した営業という仕事であり、その後のキャリアにおいても、一貫して営業畑を歩むことになります。

そうして順調に働いていたものの、大学4年生の夏にITバブルの崩壊という予想外の出来事が起こります。

IT関連の仕事が一気に萎んでいき、付随する仕事などもどんどん立ち消えになるという状態に見舞われたのです。

もっとも印象に残っているのは、システムを契約いただき懇意にしていたある中小企業の担当者が、ある日訪問するとリストラされていたことです。バブルが弾けて経営状態が厳しくなり、事業を縮小する判断があったのでしょう。

まだ学生の私は、仕事や労働市場のリアルな様相を目の当たりにしました。

「世の中はこんな突然に景気が悪くなり、抗《あらが》い難い理由で仕事が急になくなったり、人がいなくなったりするんだ」

当時の私は、世の中の出来事や景気動向に無知であり、ただ時流にうまく乗っていたから事業を継続できていただけでした。

実際に、私たちの仕事も大きな影響を受け、大学4年生の半ばで事業がうまくいかなくなり、行き場を失ってしまいます。

ただ、幸か不幸か、ＩＴバブルを他の学生たちよりもひと足早く肌身で体験したことで、社会の動きに敏感になるきっかけになったと思います。

「単純にスキルを身につけて、それを活かして働くだけでは十分ではないのかもしれない。個人ではいかんともし難い、その時々の経済情勢や事業環境の変化があり、否応なく振り回されることが世の中にはあるのだ」

それは不条理かもしれないけれど、だからこそ、そんな**社会の変化に負けない力が個人には必要なのだと思い知らされた**わけです。

その「力」とはなにか？　当時の私にはまだ理解できませんでした。

「楽しい」から
リスクを取ることができる

人は誰しも、社会や時代の抗い難い変化に翻弄《ほんろう》されてしまいます。

そうした中でも、ただ振り回されてしまう人と、苦しみながらも踏ん張っていける人との違いはどこにあるのでしょうか？

それは、**「リスクを取る勇気があるかどうか」**がポイントになると、私はみています。

どんな仕事をしていても、突然の変化やリスクが生じる局面は必ず訪れます。

それでも、たとえリスクがあっても、前へと進んで行く勇気を出せるかどうかが、人生の進路に大きな影響を与えるはずです。

今仕事をしている人だけの話ではありません。

もしなんらかの仕事を探している状態であれば、**思い切って新しい領域に飛び込む勇気**もまた、リスクを取ることに当てはまるでしょう。

機会は自分で取りに行かなければ、なかなか向こうからはやってこないため、やはり機会を取りに行く勇気が大事だと考えます。

後に株式会社マイナビで管理職をしていた時、私はチームメンバーに、「お客様に対してだけは絶対に逃げずに、足を運んで、前を向いて話してきてほしい」と伝えていました。

そうして自分なりのリスクを取りながら進んでいけるメンバーが多かったタイミングこそ、マイナビが人材紹介業界でトップになった年でした。

その後、会社が業界のトップでなくなる局面では、「やります」「できます」と口では言うものの、その先の一歩を踏み出さないメンバーが多かったように思います。

当たり前ですが、自ら機会を取りに行かなければ、パフォーマンスは勝手に上がるものではないのです。

では、リスクを取る勇気を持てる人は、なぜそうなれたのでしょうか？

私は、**仕事が楽しいからリスクを取れるようになった**のではないかと考えています。

仕事に限らず、プライベートでも趣味の世界にも通じますが、楽しいからこそ、リスクがあっても一歩前に進める力が生まれます。

すると、**自分がもともと持っているユニークな個性や、強みを活かせる仕事を見つけることができ、さらには成果を出せる**というわけです。

もちろん、生来の性格によって個人差はあります。

もともと辛い状態の上に、無理にリスクを取って挑戦しても、苦しいばかりで得るものが少なくなる場合もあります。

ただそれは、自分としっかりと対話しながら、冷静に見定めていくしかありません。

その時に、**判断基準となるのは「楽しいかどうか」**です。

そうしてリスクと正面から向き合うことが、自分の限界を突破し、自分をより強くし、自分の可能性を広げていくきっかけになるのです。

撤退する勇気

大学4年生の春になると、内定を得た学生が周囲に少しずつ増えていきます。

そんな時も、同じスーツ姿とはいえ、私は自分たちのベンチャー企業で営業に回る日々であり、「このまま自分の会社を続けていくんだろうな」と当然のように思っていました。

そんな時にＩＴバブルが崩壊し、そのプランがあっけなく頓挫《とんざ》したわけです。

業績が下がり、パソコンスクールの仕事もみるみるうちに減っていきました。

そして季節は夏になり、ほとんどの学生が内定を得ているような状況。

「このまま続けていていいのだろうか？」

「取り返しのつかない状態になるかもしれない」

そんなことを思いはじめるも、どうすればいいのかまるで答えが見つかりませんでした。


そこで、私は自分の気持ちを見定めるために、一時的に職場を離れて、北海道へ3週間ほどあてのない旅に出ることにしました。その旅の道中であれやこれやと考えを巡らせて、**「これからの人生をどうしたらいいのか」**と悩みながら旅を続けました。

そして大阪に帰る時に、勇気を出して会社を畳んで、就職することに決めたのです。

それまで就職活動を一切していなかったため、エントリーのほとんどは終了していました。

そんな大学4年生の秋のタイミングで、偶然に見つけた就職ガイダンスを主催していたのが、株式会社毎日コミュニケーションズ（現・株式会社マイナビ）でした。

実は、私はこの会社のことをよく知っていました。

なぜなら当時、毎日コミュニケーションズは『Mac Fan』や『PCfan』などのパソコン関連雑誌を出版しており、私は「1日で作れる自作パソコン」という宿泊込みの研修を作って、『PCfan』に出稿していたからです。

その時、毎日コミュニケーションズはまだ秋採用で募集をしており、それだけにエントリーして、面接を経て無事採用されることになったのでした。

当時、毎日コミュニケーションズは400人規模の会社であり、私は大阪支社で、就職情報誌『毎日就職ガイド』や、できたばかりの就職情報提供サービス『毎日就職ナビ』の営業担当として配属されました。

もともとはパソコン関連雑誌に強い会社でしたが、私が入社した時に社長が変わり、人材ビジネスに挑戦していくタイミングでした。

そのため新卒社員の採用を一気に増やしていて、私もどうにか滑り込めたというわけです。

そこから、20年に亘って同社に勤めるわけですが、その最中で私が見た景色は、他の企業ではなかなか味わえない変化があったと振り返ることができます。

当時は社名も媒体名もあまり知名度がない状態でしたが、人の力で就職情報を広めていき、新しい仲間たちも増えていって、それに伴い日本全国に支社を作っていきました。

また、その状態に安住することなく新しい挑戦を繰り返していき、会社の規模がどんどん大きくなっていくのを営業担当として身を以て体験することができたのです。

ただ、私が入社した当時は、自分が想像した以上に小さな会社で、年が近い先輩もおらず、30代半ば以上の先輩ばかりという状態でした。

そんな先輩たちに、「とにかく営業してこい」「自分の好きな会社へ飛び込め」「足で稼げ」と言われることから、私の会社員生活がはじまりました。

今も覚えているのは、先輩に同行した初日に、**「おまえは学生時代も営業していたのだから、勝手にやれ」**と言われたことです。

ただ、私もベンチャー企業での営業経験にそれなりの自信があったので、「やります！」と応じて、入社1カ月目には一人で勝手に動いていました。

当初は自分なりの経験から、「動けば受注できる」と自信を持っていましたが、2カ月経っても受注できないありさまでした。

その間、同期の社員たちは次々と受注していき、当時の上司から、「働かずにただメシするなよ」などと、怒られながら働く時期が続きました。

それでも受注できない理由がわからず、誰かが秘訣を教えてくれるわけでもありません。

そこで、新規の見込み顧客に電話でアポイントを繰り返し、ビジネス街のビルの上階から下階まで順番に飛び込み営業をするなど、とにかく頭よりも体を動かしました。

朝から飛び込み営業をしながら、夜は10時過ぎまで会社にいて資料を準備するなど、働き続けたのです。

ただ、結果が出ていないのに朝から会社にいると、なんとなく煙たがられるように感じたので、電話は会社からはかけずに喫茶店や公園のベンチに陣取って、携帯電話で延々とアポ入れをしていました。

それでも、あの**地獄のラグビー部の日々に比べれば、全く苦しくもありません**でした。

当時はまだ会社の上下関係も厳しく、理不尽なことも日常茶飯事でしたが、そんなことはラグビー部で慣れていたので、それに耐える力があったのでしょう。

そうして毎日粘り強く営業を続けていたところ、ある日初めて発注を受けられたことを皮切りに、その後は順調に成約数が増えていきました。

最終的に、年の終わりには、同期で一番、取引先を持つ状態になることができたのでした。

どれだけ小さな信頼を積み重ねていけるか

ここまで当時の先輩方がなにもしてくれなかったような、誤解を生むような表現をしましたが、実際には決してそうではありません。

初年度の私は、「動けば受注できる」というやり方で、中小企業への営業をこなすだけでしたが、先輩方は自分が担当する大企業の顧客も積極的に引き継いでくれました。

そのおかげで、新人の頃から日本を代表するリーディングカンパニーに出入りする機会をもらえたのは、後の自分にとっていい影響をもたらしてくれました。

また、私と全く違う営業スタイルをしていて影響を受けたのが、当時の営業部長です。

彼がなにをしていたのかというと、メイン商材である媒体を売ろうとせず、大企業の説明会や選考会の運営ばかりをしていたのです。

つまり、メイン商材は後回しで、顧客企業の人になり切って、説明会や選考会の企画から会場の空間デザイン、配布するパンフレットに至るまですべての工程に関わり、**「替えが効かない」存在**になっていました。

結果的に、大型案件を次々とまとめ上げるスタイルを確立していたのです。

彼の「究極のお客様目線」を目の当たりにして、足さえ動かせば受注できるという信念を持っていた私は衝撃を受けました。

そんな折、1年目の終わり頃にビッグチャンスが訪れます。

外資系製薬会社からアポイントがあったのですが、そこでは、ある新薬が日本で認可されるにあたり新卒のMR担当社員を200名採用するために、採用関連の総合的な企画と、各種イベントの運営設計をしてくれる会社を探していたのです。

郵 便 は が き

切手を お貼りください

105-0003

（受取人）

東京都港区西新橋2-23-1
3東洋海事ビル
（株）アスコム

Unique Piece
あなたの価値の育てかた

読者　係

本書をお買いあげ頂き、誠にありがとうございました。お手数ですが、今後の出版の参考のため各項目にご記入のうえ、弊社までご返送ください。

お名前	男・女	才
ご住所　〒		
Tel	E-mail	
この本の満足度は何％ですか？		％

今後、著者や新刊に関する情報、新企画へのアンケート、セミナーのご案内などを郵送またはｅメールにて送付させていただいてもよろしいでしょうか？
□はい　□いいえ

返送いただいた方の中から**抽選で3名**の方に
図書カード3000円分をプレゼントさせていただきます。

当選の発表はプレゼント商品の発送をもって代えさせていただきます。
※ご記入いただいた個人情報はプレゼントの発送以外に利用することはありません。
※本書へのご意見・ご感想およびその要旨に関しては、本書の広告などに文面を掲載させていただく場合がございます。

●本書へのご意見・ご感想をお聞かせください。

●著者の次回作に期待することをお聞かせください。

ご 協 力 あ り が と う ご ざ い ま し た 。

営業部長の仕事を傍目で見ていた私は、これを知った時、絶対に挑戦したいと思いリスクを承知で手を上げました。

そして、彼に一からノウハウを教わりながら大型の提案をして、結果的に億単位の受注ができたのです。

この仕事が、新人の時の私のターニングポイントになりました。

それ以降、同種の大型案件を少しずつ任されるようになり、顧客の人事担当者になり切って動くという、ユニークな営業スタイルを確立することができました。

ただし、私は一方で、営業担当者は売るべき商材をしっかりと売っていく力をつけなければならないとも思っています。

自分なりのユニークな営業手法を模索しつつも、愚直に商品やサービスを売っていく力が、すべての土台になると考えているからです。

強い営業担当者は、お客様の会社へ毎日のように顔を出すことを日課にしているものです。

後に、私が東京本社に勤務した時にも、担当企業には毎日、顔を出すように心掛けていました。

一般的に、営業の仕事は1週間から1カ月ごとに顧客を訪問するスタイルが普通ですが、私自身は、**どれだけ単純接触回数を増やすことができるかが営業の基本**だと思っています。

要するに、ある時間帯になると「なぜか池本さんが必ず来ている」という状態を作り続けていたのです。


ちなみに、このような行動をしていると、相手は「なぜこの人は毎日うちに来るのだろう？」と疑問に思います。

なかには煙たがる人もいるかもしれません。

そこで押さえておきたいのは、**「必要だから来社している」という状況**を作ることです。

たとえ僅かな時間でも、相手に時間を割いていただくことになるからです。

例えば、「パンフレットのゲラを持ってきました！」「頼まれていた資料を持ってきました！」「昨日いただいた修正を持ってきました！」などのように、どんな用事でもいいのです。

「なにしに来たの？　忙しいのに」と思われないように、来社する必然性を伝えて、それを理解してもらうことは欠かせません。

ただ押しかけるのではなく、必ず一つでも仕事を持っていくようにするのです。

もちろん、相手の反応をしっかり観察しながら、相手に負担を与えないかたちで続けていくことは重要なポイントです。

それができていれば、相手の違和感はすぐになくなっていくはずです。

なんだか泥臭いスタイルだと思われるかもしれませんが、**営業活動の本質は、「相手のところへ毎日顔を見せに行く」こと**にあります。

日頃からどれだけ真摯に相手と向き合い、小さな信頼を積み重ねていけるかが勝負の分かれ目になるのです。

自分の「強み」のヒントは、楽しさと継続に隠れている

大阪支社には3年間いたのですが、その最後の年、思わぬ出来事で私は燃え尽き症候群になってしまいました。

その理由は、先の外資系製薬会社のプロジェクトを中心に順調に業務に取り組んでいた時、突然、その海外の本社が日本の採用をすべて取りやめ、プロジェクトが一気に終息を迎えてしまったからです。

これはさすがに堪えました。

仕事に向き合えている充足感があり、数字も出しているという誇りを感じていたからです。

そんな仕事をあっけなく失った時、自分の居場所まで失ったかのような気持ちになってしまったのです。

かつてのITバブル崩壊の時のように抗い難い理由で、居場所がなくなってしまったのです。

この時は世の中の景気動向に関係があったわけではないので、かなり気持ちが凹み、虚無感に苛《さいな》まれてしまいました。

そうして自分で自分を追い込んだ私は、「もうこの会社でやることはない」と考え、転職を考えていました。

そんな時、私のことを知った東京本社の事業部長から、「東京へ来てリーディングカンパニーの新卒領域を担当してほしい」と声を掛けてもらい、入社4年目に東京本社に配属となったのです。

東京本社では、先の外資系製薬会社のプロジェクトと似たような、顧客企業の懐に入り込んだのです。

その会社の人のように企画を考え、イベントを運営する自由度の高い仕事を担当することができたので、私にはとても肌に合っていました。

担当する会社の数も大阪支社の時は50社から60社はありましたが、東京では10社程度です。

その代わりに、1社あたりの年間売り上げを120%、150%、200%に上げていくという厳しい評価基準があり、毎日深夜2時、3時頃まで残業し、仕事以外の記憶がないほど一心不乱に働きました。

今の時代には考えられないような労働条件でしたが、そんなことも吹き飛ぶくらい、毎日がとても充実していました。そして、この**仕事が楽しい時期に、私は自分の「強み」を明確に意識できた**のです。

その強みとはなにか？

端的にいうと、「なり切る」ことでした。これこそが、私の一番の強みです。

例えば、他人が作った資料や企画をまるで自分が考えたかのように深く理解することができたり、その企画の本質を取り出して、新しいアイデアと組み合わせたりすることができました。

また、それを多くの人に、自分ごとのように話すことにも大きな喜びを感じました。

これらは経験の積み重ねによるものですが、**経験を積み上げられること自体、それが自分に向いている証**だと思うのです。

先に述べたように、どんなに厳しい状況でも耐えられることもまた、私の特性であり強みといえます。

つまり、ここでお伝えしたいのは、**誰にだって自分だけのユニークな個性と強みがあり、それを「どのように引き出すか」がポイントになる**ということです。

ですが、その方法については、私は自分の経験を通したものしかお伝えすることができません。

一人ひとりがユニークピースである以上、その方法もまた、一人ひとり全く異なると考えているからです。

その上で、自分の経験からいえることは、一心不乱に働き続けていたプロセスのうちに、自分の強みを見出せたという私個人の事実です。

自分の強みを見つけるには、自分が興味を感じたり、「これは面白い」と感じたりすることに対して没頭する時間や経験が必要になるのでしょう。

これはどんなフィールドでもいいのですが、自分を成長させるために、その一つとして活用できるのが、仕事というフィールドであるのです。

会社とつながることで、成長する

東京本社に勤務している時は、正《まさ》しく、同業界の圧倒的なガリバーである会社に追いつき、追い越そうとするタイミングと重なったこともあり、情熱に溢れる組織の中で働くことができました。

会社がどんどん成長していく中で、6年目に課長となり、その後、部長や営業統括部長を務めました。

そして、2015年に、ついにユーザー登録者数などが業界1位となった時、その輪の中心にいることができ、社長賞やMVPを受賞することもできました。

ただ、実際のところは、業界1位になるという目標を意識することもありませんでした。

上司から「当たり前のことを当たり前にやりなさい」と言われていた通りに、愚直に営業活動に取り組んでいただけでした。

ただ、その当たり前の基準が「対前年比200％を続ける」といったような高い基準だったので、それに向けた取り組みをがむしゃらに続けるうちに、気づけばそれが世間の認知度やシェアに変わっていったという感じだったのです。

営業担当としての自分自身が、広告の一つとして機能していたと感じることもありました。毎日営業していると、どの企業でも、「あ、今日もマイナビの人がいるね」「マイナビの池本さんか」という具合に、**自分と会社が完全にリンクしている状態で働いていた**からです。

思えば、入社した年に「年齢が近い先輩もいないから自由にやって」と言われ、一人で営業をはじめた時から、既に自分と会社が強くリンクしている状態だったともいえます。

自分の挙動がそのまま会社を表している状態であり、自分がさぼったら会社がさぼっていると思われ、自分がダメなら会社もダメだと思われる状態だったということです。

かつては、そんな自分と会社がいつも「見られている」という体験を自然にできる規模感の組織でしたが、その感覚を持ったまま、会社と共に私は成長していったのです。

これは決して私個人の努力だけでなく、そのタイミングで会社もまた急成長を果たし、個人と会社がいい影響を与え合っていたのでしょう。

いわば、**私は会社とつながって成長してきたのであり、そういう形で成長できる個人というものがある**ということです。

そうした経験から、今立ち上げた会社でも、ユニークピースと思われる個人と企業とを理想的な形でつなげるための、橋渡しの仕事（第1章参照）に取り組んでいるのです。

「地域の課題解決」が難しい理由とは

業界1位を達成した翌年に、私は新規事業である、地域活性事業部に携わることになりました。

2016年には農業活性事業部とあらため、その事業部長に就任し、農業総合情報サイト『マイナビ農業』を立ち上げました。

当時、農業領域ではインターネットの情報メディアがほとんどなく、農業関連人口を増やすためにも、様々な情報を提供しはじめました。

他にも、農林水産省・厚生労働省の受託事業や、全国各地で農業活性事業を指揮しました。

特に大きなイベントは、全国9都市で開催した、農業生産法人、自治体、ＪＡ

など参画団体約600団体、来場者は約4000人にのぼる農業関連の就職イベント「就農FEST」です。

また、農業人材の確保と育成を目指して、宮崎県と協定を締結したり、埼玉県深谷市の推進パートナーとしてアグリテック企業の誘致を支援したりするなど、各自治体と密接に連携する事業も推し進めていきました。

2019年には、農家と求職者をつなぐ人材マッチングアプリ「農mers（ノーマーズ）」をリリースし、2019年のグッドデザイン賞（公益財団法人日本デザイン振興会主催）を受賞することができました。

このように、媒体運営に留まらず、農業関連コンサルティングや研修等のサービスも提供し、生産者・農業ビジネス企業・自治体・就農希望者の仕事や事業計画、課題解決の支援に携わったのです。

こうして経歴を辿ると事業は順調に進んだように見えますが、マイナビでのキャリア後半にあたるこの7年程の時期は、私にとってもっとも難しく、悩みが深い時期でもありました。

それまで一貫して法人営業を担当していたため、国や地方自治体との事業に向き合うことへの難しさを感じていたのです。

最大の理由は、やはり予算の問題です。

端的にいうと、国や地方自治体は税金（地方創生予算）で事業を行うため、**国や人のために行う事業において、民間企業として収益にフォーカスすることはとても難しい**のです。

当然、ただ正しく事業を行うだけでは赤字に陥る上、地域の課題を解決するための事業に向き合えば向き合うほど、人や時間などのリソースが割かれていきました。

そうして労を惜しまず働いてくれるメンバーたちが、どんどん疲弊していく姿を目の当たりにしていたのです。

とりわけ『マイナビ農業』を立ち上げた時、農業領域は戦後以来、何十年にも亘り業界構造が変化していないことによる閉塞感がありました。

それでも自走できる事業は作れるはずだし、就農者も増やしていくことができると信じて、奔走《ほんそう》し続けました。

しかし、農業分野には、国や自治体の政策から流通の仕組みに至るまで、業界特有の構造が生み出す利権やしがらみなどが想像以上に多く、また強力なものであったのです。

この時の経験を、私はユニークピース社の「地域の課題解決」のための事業（70ページ参照）に活かしています。

それは、官民連携を模索しながらも、**「基本的には民間企業が自分たちの予算で事業を構築し、自由な発想で世の中をよくしていくことが必要だ」**という考え方です。

社会課題に向き合いながら、同時に収益も上げていき、なにより事業を継続していくことが地域にとって大切だと思っています。

そうして地域のユニークピースが輝く場所を生み出すことが、私が起業して挑戦したかったことの一つなのです。

ユニークピースとして再起する

前項で、マイナビのキャリア後半は悩みが多かった時期であったと書きましたが、農業活性事業部におけるチームマネジメントも課題となっていました。

当初、農業活性事業部は一つの社内ベンチャー企業のような組織で、本社とは別にオフィスを構えて自由に事業を運営していました。

メンバーも様々な経歴を持ったユニークな人が集まっていました。

これまで農業や人材業に関わっていなくても、私が面接して、面白い才能や強みを持っている人であれば積極的に採用していたのです。

しかし、途中から私は方針を変えました。

その理由は、いつまでも社内ベンチャー企業のように運営することはよくないし、ある程度軌道に乗った後は、会社の経営方針に合わせていく必要があると感じていたからです。

また、当時執行役員であった自分がいつまでも現場に関わるのではなく、ミドルマネジメント層にどんどん成長してもらいたかったため、あるタイミングから現場に口を出さなくなりました。

しかし、この判断は裏目に出ました。

組織内に少しずつ変化が広がる中、初期に採用したユニークな人材が、ある時期から五月雨《さみだれ》のごとく会社を辞めてしまったのです。

もともと60人規模の組織が、多い年には20人も抜けてしまいました。

これは、社内の新規事業や、ベンチャー企業が買収合併などをした時に起こりがちな〝あるある〟な状況ともいえます。

要は、**新しい分野から参画した変革志向の人たちと、既存の組織で育ち経営方針を軸に業務を行う人たちがうまく融合できない**という状況です。

そして、そんな時こそミドルマネジメント層や、私のような責任者の手腕が問われるわけですが、その打ち手がうまく機能しなかったわけです。

加えて、世の中では新型コロナウイルス感染症が拡大し、その影響によってワークスタイルが激変した時期でもありました。

在宅勤務が増え、副業も認められるなど、より柔軟な働き方が推奨されたことで、**組織に対する「つながり」が薄らいでいた**ことは否めません。

その意味では、他の組織でも人が抜けている時期ではありましたが、やはり彼ら彼女らの心をつなぎ止められなかったのは、あきらかに私の力不足でした。

20年に亘るマイナビでの日々が終わりを迎えようとしていた最後の3年間は、私にとって反省の日々であり、心にも強いストレスがかかっていました。

私自身が会社とつながって成長してきたのに、新規事業におけるリーダーとして、メンバーと会社とをつなげてあげることができなかったという忸怩《じくじ》たる思いに苦しめられました。

それは、マイナビに勤めていた中で最大の挫折であり、そのことがやがて、ユニークピース社を起業するに至るモチベーションに変わっていきました。

マイナビでの20年間は、会社が急激に成長するスピードに歩調を合わせて、私自身も大きく成長できた幸せな期間でした。

自分が新しく挑戦できるフィールドや、それに見合う役職までも与えてもらいました。

一方で、会社が大きくなることで、守らなければならないことも増えていき、かつて営業担当者としてがむしゃらに働いていた時のように、「この仕事が好きだ！」と心から感じられることがどんどん減っていったことも事実です。

「そろそろ潮時かもしれないな」

「違う向き合い方があったのではないか」と、何度も悩んだ果てにようやくそう思えた時、反省する日々が終わりを迎えました。

そして、私には新しい決意がみなぎりはじめたのです。

かつて去っていった仲間たちを思いながら、私自身がユニークピースの一人となり、いま輝きを失っているユニークピースたちを、再び社会や会社に「つなげる」ことができるのではないか。

ユニークピースの一人ひとりが、自分が輝く場所を見つけられる、そんな価値ある社会を作らなければならないのではないか。

そうして私は、ゼロから立ち上げることを決心したのです。

第 3 章

自分の価値の見つけかた

価値は誰の中にもあり、何歳からでも育っていく

これまで私の考えや人生を述べてきましたが、ここからはいよいよ、あなたの価値をどう見つけていくか、どう育てていくかというところを話していきます。

私は、仕事で沢山の求職者にお会いしますが、よく**「やりたいことがわからない」という悩みを持っている人**に出会います。

そのため、好きなことなんて仕事にできないと思ってしまったり、自分のことをなんとなく「価値がない」と思い込んだりしてしまう人もいます。

では、自分の価値は、いったいどのように見つけていけばいいのでしょうか。

これについて私は、**新しいなにかをやってみたり、前に進むことに挑戦したりするのを、自分で選択すること**がとても大事だと考えています。

今までの自分のキャリアを基に、「このくらいでいいかも」「このくらいならできるだろう」ということばかりをするのではなく、**未知なる自分の可能性を開いていく姿勢が必要**なのです。

例えば、今なにも資格を持っていなかったとしても、何歳からでも資格を取ることは可能です。

そもそも資格が必要でない仕事も世の中には沢山ありますし、どんな人にだってやりたいことをする権利があります。

極端なことをいうようですが、私が明日から歌手になろうと思ったら、それは相当な努力が必要でしょう。

でも私は、「頑張ればできるかもしれない」と考えるタイプです。

もちろん、第一線で活躍する歌手になるのは厳しいかもしれません。

ですが、本当にやろうと思うのであれば、小さなライブを開いたり、ミニアルバムを出したりすることは、きっとできるはずです。

それはやはり、**全く新しいことに挑戦する「価値」が自分にはある**と信じているからです。

この自分の可能性を信じる気持ちが大切です。

そうして実際に行動することで、貴重な「経験」が蓄積されていきます。

経験が蓄積されていけば、それに応じてスキルも身についていきます。

だからこそ、**「やりたいこと」があるなら、まずやってみることが重要**なのです。

では、そもそも「やりたいこと」や「好きなこと」がわからない時はどうすればいいのでしょうか？

そんな時は、一つでも、**今の仕事を通して「楽しい」と思える瞬間や、「この場所にいて嬉しい」と思う瞬間に気づき、そんな「場所」を自分で探していく**ことがとても大事だと思います。

仕事を通して得られるものはなにか、私はその答えの一つが、その場所で得られる充足感だと考えています。


例えば、自分がしたことで周囲から「ありがとう」と感謝されたり、失敗しても「大丈夫だよ」「次があるよ」と励まされたりする。

それは、なにも周りにいい人がいるというだけの話ではなく、あなたが信頼されているなによりの証なのです。


それこそがあなたに価値があるということであり、そんな瞬間を沢山体験できる場所を探していくことがポイントになります。

そんな場所に身を置くことができれば、「やりたいこと」を見つけようとして悪戦苦闘する前に、あなたはきっと、目の前の仕事に充実感を覚えて働くことができるはずです。

あなたの価値は「経験」と「場所」によって作られます。

自分の「やりたいこと」がわからないと悩んでいる時は、「ここではないどこか」ばかりが気になるマインドセットになっている可能性があります。

そうして、ごく近くにあるポジティブな声が耳に入りづらくなり、ますます「これはわたしのやりたいことではない」「ここはわたしの場所ではない」と思い込むようになってしまうのでしょう。

ですが、本来価値というものは誰の中にもあるし、それが真実です。

そして、**自分の価値は何歳からでも育てていくことができる。**

まずは、そのことを自分で強く信じることが必要なのだと思います。

仕事場は一人ひとりの「自己表現」がつながる場所

ユニークピース社では、「やりたいこと」がはっきりとわからないという状態で来られる求職者に対して、**「その人にとって新しい経験ができるか」「信頼される場所（環境）があるか」**という基準で、しっかりサポートするように心掛けています。

仕事というと、どうしてもお金を稼がなければならないという動機が前面に立つことがあります。

もちろんそれは当然のことなのですが、貴重な人生の時間を使ってどうせ働くなら、少しでもいいから、その人にとって新しい経験を得られる仕事のほうがいいのではないでしょうか。

また、働く喜びを見出せる場所であるかどうかが、その人の今後の成長にとってとても重要な要素になると考えています。

私は、**仕事場は、人が生きていくにあたりとても大切な「自己表現の場」**だと捉えています。

会社や組織というものは、決してばらばらな個人が集まっただけで作られているものではありません。

そんな能力やスキルだけを基準にして人を集めた仕事場は、経営の観点でも、働く人にとっても長続きしないのが現状です。

そうではなく、**そこに集う一人ひとりの「自己表現」が有機的につながり、それらの積み重ねによって成り立っているものが本来の仕事場**だと思います。

もちろん、組織のためにと思って働く方もおられると思いますし、それも多様な自己表現の一つです。

いずれにせよ、一人ひとりが自己表現のために働くことが、結果的にその仕事場を輝かせていくのでしょう。

あなたにとっての未知なる仕事は、あなたに全く新しい経験をもたらしてくれます。

また、あなたが信頼される場所は、あなたの仕事の幅をより広げてくれます。

そうして、**誰でも何歳からでも自己表現ができるのが、本来の仕事の価値**であるはずです。

皆さんの仕事場が、自分の生きている喜びや価値を形作るための、人生における大切なステージであってほしいと思うのです。

好きなことの中でこそ、あなたの価値は育つ

自分の価値は、「経験」と「場所」によって作られると述べてきました。

そして、あなただけの経験を作るために大事なことは、新しい可能性を求めて、今ここから一歩を踏み出していくことです。

私は、**どんな人の中にも、一歩を踏み出していくための「自分のスイッチ」があると**信じています。

そして、そのスイッチが入った時、自分の可能性や価値を発揮すべく、人は主体的に動き出すのだと思います。


では、どうすれば自分のスイッチが入るのでしょうか?

それは、やはり**「好きなこと」に出会うのが大切**です。

そのためには、新しい行動へと一歩を踏み出すこと。

まるで卵が先か鶏が先かみたいな話ですが、新しい経験と場所に出会うから、好きなことが見つかる可能性が高まるし、好きなことだからこそ続けていくことができます。


自己表現をしながら、その仕事に尽くすことができます。


今は業務委託やフリーランスをはじめ、多様な働き方ができる時代になりました。多種多様な求人情報が手に入りやすくなり、幅広い可能性を感じることができるようにもみえます。

もちろん、ユニークピース社は、働き方の選択肢を提供する会社であるので、求職者一人ひとりが、自分のライフスタイルにもっとも適した仕事を選べるように働きかけていいます。

一方で、今の時代は、就職も転職も比較的簡単にできるようになり、様々な選択肢に満たされている状態であるともいえます。

すると、数多くの情報や選択肢があるからこそ、判断に迷うことが増えていってしまうのです。

また、かつて失われた30年といわれた長期低迷期とは違い、**あえて「自分のスイッチ」を入れずとも働いていける環境があることで、ある意味で流されながら生きていける面がある**のも事実です。

そんな環境だからこそ、私は、やはり「好きなこと」に出会う機会を求めることが大切なのだと思います。


好きなことの中でこそ、自分の価値は育ちます。

自分はその仕事でなにを成し遂げたいのか。

どのようなキャリアパスを歩みたいのか。

そんな待遇面を超えた部分を含めた、「自分のスイッチ」の在処《ありか》を見つけることが必要なのです。

「好きなこと＝行動できること」と考える

もう一つ、**「好きなこと＝職種」と捉えないようにすることも大切なポイント**です。

結果的に一致することはあるでしょう。

それこそ数字を扱うことが得意な人が経理の仕事をしたり、絵を描くのが好きな人がイラストレーターになったりすると、好きなことと職種が一致している状態になります。

ですが、**はじめから「好きなこと＝職種」で仕事を選ぼうとすると、選択肢が非常に狭まってしまう可能性がある**のです。

自分にとって未知のジャンルであっても、その仕事に向いている可能性もあるのに、はじめから職種という枠を当てはめてしまうと、自分の可能性を自ら閉ざしてしまいかねません。

また、好きだと思っていた職種であっても、その中に自分の苦手なことや、やりたくないことが含まれている場合があるのも見逃しがちです。

いや、そのような場合が沢山あることのほうが、普通といえるかもしれません。

そこで、**「好きなこと」にうまく出会うためには、ぜひ「好きなこと=行動できること」と考えてみてください。**

あるいは、「好きなこと=追求できること」といってもいいでしょう。そのように視点を変えることで、仕事の幅は一気に広がるはずです。

先の例でいうと、数字が得意な人が、別に数字を専門的に扱う職業を選ぶ必要はないということです。

どんな仕事でも数字の知識は活かせるわけですから、むしろ全く新しいジャンルに挑戦し、数字のスキルをその仕事に掛け合わせていくほうが、活躍できる可能性が高まります。

「得意なこと」を、それがメインではない仕事と掛け合わせることで、他の人と差別化もできます。

これは営業力であれ、コミュニケーション力であれ、文章力であれ、ロジカル思考であれ、どんな掛け合わせにも応用できる考え方です。

このように幅広い観点から、自分のスイッチを入れることが重要です。

ユニークピース社でも、求職者がその掛け合わせの部分を見つけるためのサポートを重視しています。

「好きなこと」は自分の経験の中にこそある

自分の価値を見つけていく時、大きな材料となるのが、自分の「過去の体験」です。

過去に仕事でポジティブな体験（達成したことなど）の記憶があれば、そんな体験を振り返り、あらためて自分の「好きなこと」を確認したり、新しい方向性を検討したりすることができます。

また、たとえ失敗体験やネガティブな記憶があったとしても、その出来事に新しい角度から光を当て直すことで、自分の価値に気づくための格好の材料になり得ます。

そこでここでは、自分の年表を作成し、それを活用してキャリアを考える具体的なワークをいくつか提案したいと思います。

まずは、過去の経験の掘り起こしをしていきます。

そこで役に立つのが、**名づけて、「エンジョイ年表」**です。

後に具体的な方法を紹介します。

年表の形で自分のこれまでの半生を実際に書き出すと、過去の出来事や重要な経験を客観的に見つめることができます。

自分がどのような価値観やスキルを作ってきたのかを認識することで、今の自分をよりよく理解することができるわけです。

また、未来におけるキャリアを明確にするためにも、年表は効果的な手段です。実際に書いてみるとおわかりになると思いますが、過去のある出来事とその結果を客観的に把握することで、具体的なつながりに気づくことができるのです。

すると、**キャリアにおける成功や課題を振り返り、今後の方向性を考えるための基盤を築く**ことができます。

今後に取るべき具体的な行動のシミュレーションをすることができるというわけです。

もちろん、それは一つの予測に過ぎませんが、ある程度の見通しを立てて、自分の未来のビジョンを作っていくことができます。

さらに、年表によって**自分の成長過程や変化を「見える化」することで、今後の自己成長へのモチベーションが高まる効果**も見逃せません。

たとえよくない出来事が重なった時期があっても、その後にまたポジティブな出来事が少なからず起こることを知っていれば、困難にある時も励みになるはずです。

ちなみに、自分の過去を客観的かつ視覚的に振り返る時に役に立つ「ライフラインチャート」というツールがあります。

これは自分の過去における様々な出来事や、価値観の変化のタイミングに対して、その時の自分が感じた「幸福度」を尺度にして振り返るツールです。

キャリアアップを考える際に広く活用されているものですが、幸福度を基準にしている点で、これから紹介する「エンジョイ年表」にも通じています。

厚生労働省（「平成29年度 労働者等のキャリア形成における課題に応じたキャリアコンサルティング技法の開発に関する調査・研究事業」）をはじめ各種サイトでいろいろと紹介されています。

興味がある方はチェックしてみてください。

「エンジョイ年表」で経験を掘り起こす

では、「エンジョイ年表」の具体的な活用方法を紹介します。

基本的な考え方は、仕事でもプライベートの出来事でもいいので、**今まで体験して「嬉しかったこと」や「好きだったこと」を書き出す**というものです。

そして、それが**「なぜ嬉しかったのか」「なぜ好きだったのか」を自分に問いかけるように書き出していきます。**

すると、ただ頭で考えているよりも「過去の経験」に対する解像度が格段に上がり、それが、自分の価値や未来のビジョンが、俯瞰《ふかん》して見えてくることにつながるという狙いです。

用意するものは、複数枚の紙と筆記用具です。

【STEP1　年表を作成する】

最初に、大まかな時間軸（ターム）を設定しましょう。

幼少期〜小学生、学生時代、社会人初期（20代）、社会人前半（30代）というように、自分が書きやすい区切りに分けます。

年代順でもいいのですが、あまり細かくすると、大まかな流れや出来事同士のつながりが見えづらくなるので注意してください。

わけた時間軸ごとに一枚紙を使用します。

まず紙の上の中央にどの時間軸のことなのかを書き、その後、紙を縦に3等分するための縦の線を2本引いてください。

次に、左の空欄の上には、「記憶に残った出来事」と書き、記憶に残っている主な出来事を、上から書き込んでいってください。

幼い頃の趣味、仕事で関わったプロジェクト、出会った人たちなど、**「嬉しかったこと」や「好きだったこと」を中心にして書き入れます。**

失敗体験やネガティブな出来事を書き入れてもいいのですが、「好きなこと」を見つけるための年表なので、どうしても書き入れておきたい出来事だけにします。

【STEP2　振り返る】

楽しかったことや成功した要因を振り返り、分析するステップです。

三つに分けた枠の真ん中の上に「そのときの感情」、右の上に「そこで学んだこと」と書き込みます。

左に挙げた出来事に対して、**「どのような感情を持ったのか」「なにを学んだのか」を具体的に記録していく**のです。

例えば、仕事で自分の企画が採用されたことが嬉しかったとします。

それを頭で思い出しているだけなら、それはなんとなくポジティブな出来事として再現されるだけかもしれません。

しかし、より詳しく振り返ると、「新しい企画を考えるのが好きだった」「みんなにプレゼンテーションをするのが楽しかった」「自分の提案が相手に喜ばれることが嬉しかった」というように、**自分の好きなことに対して、解像度を高めて特定することができます。**

失敗体験を振り返る場合は、その時の対処法やその経験から学んだことを確認することができるでしょう。

もう一つのポイントは、**その出来事が現在のキャリアに与えた影響を確認すること**です。

自分の記憶に強く残っている「嬉しかったこと」や「好きだったこと」は、人生の転機になっている可能性があります。

そんな自分の価値観や考え方が変わった瞬間や体験を見つけておくと、有機的につながるキャリアパスを再認識することができます。

また、これからの新しい可能性に挑戦しやすい体質も培ってくれるはずです。

次ページに書き方の例を載せるので参考にしてみてください。

エンジョイ年表の書きかたの例

社会人になってから

記憶に残った出来事	そのときの感情	そこで学んだこと
● 初めて自分でプレゼンテーションして□□社の契約を勝ち取れた。	● 努力は裏切らない。	● 事前準備はしすぎてもしすぎることはない。
● 夜遅くまで仕事していたら、森さんがコーヒーを持ってきて、なおかつアドバイスにのってくれた。	● 本当にうれしかった。森さんのような気づかいを私もできるようになりたい。	● 会社はチームで働いている。もっと人に相談すればよかった。
● ◎◎社の中山さんから「あなただからこの仕事を任せたいと言ってもらえた」	● 人から認められるというのは、とっても快感！	● 顔を小まめに出すことの大切さを知った。

「エモーションマップ」で「夢」と「好きなこと」を結びつける

「エンジョイ年表」で具体的に過去のことを思い出し、自分の「好きなこと」「好きなもの」がなんとなく見えてきたら、次は、それを踏まえて**具体的にこれからどういうキャリアを進んでいくかの解像度を上げる必要があります。**

「好きなこと」「好きなもの」の中でこそ、あなたの価値が磨かれると述べてきました。

しかし、それらを挙げただけでは、「好きなこと」「好きなもの」が、あなたのキャリアと具体的にどうつながっていくのか、今一つ見えてこないのではないでしょうか。

次は**「好きなこと」「好きなもの」を「したいこと」へ昇華させる**作業です。

そこで役立つのが「エモーションマップ」です。

用意するのは、Ａ３の紙、もしくはＡ４のノートと鉛筆です。

まずＡ３の紙を使う時は、紙を二つに折って、折り目に線を引きましょう。

Ａ４のノートは、両方ページがあるように開きます。

これで準備完了。さっそく、書き方を説明していきます。


最初のステップは、右ページの上に「好きなこと・好きなもの」、そして、左ページの上に「夢・やりたいこと」と書いてください。

そして、エンジョイ年表で掘り起こした過去の経験を参考に、それぞれに当てはまるものを書いていってください。


ここで一つ、アドバイスとしては、**「夢・やりたいこと」を大げさに考え過ぎないでほしい**ということです。

「夢・やりたいこと」というと、子どもの時から憧れていたこととか、ずっと思い描いていたものを想像しがちです。

そういったものの中で「さすがに絶対無理だよな」と思うようなものも書いてほしいですし、「これなら興味が持てそう」とか、「この前、ＴＶで観たけど、あの仕事は面白そうだったよな」というような、軽い気持ちのものでも構いません。

できるだけ、幅広く書いておくことで、思いもよらなかった、意外な発見が生まれる可能性が高まります。

また、職種だけではなく、マイホームを持ちたいとか、結婚したいとか、ライフプランに関わるものでも、「地元を盛り上げる仕事に就きたい」「動物に関わる仕事がしたい」といった漠然としたものでも構いませんのでどんどん書いていきましょう。

次のステップでは、書いたものを眺めて、右ページと左ページで、結びつくものはないか、探してみてください。

例えば、左に「食べ物に関わる仕事に就きたい」、右に「新しいことに挑戦することが好き」とあれば、お菓子の新規開発に関わる仕事に就けないだろうか、といった具合です。

つながると思えば、複数つなげてもかまいません。つながりによって、「こういうことがしてみたい」というものが見えたら、それを書き込んでください。

そして最後のステップです。

「してみたいこと」を実現するためには、どういうことが必要なのかを、空いているところに書き出してみましょう。

これまでに述べたように、**実際に行動に移せるかどうかは大切なので、多少、大変かなと思うことでも、ここが書けるかどうかが重要**です。

もしも全く書けないのであるならば、「してみたいこと」の実現は、難しいかもしれません。

ただし、なにも仕事で実現しなくても、副業やボランティアなどで実現できることがあるかもしれません。

働き方が多様化する中で、様々な自己実現の仕方があります。

大切なのは、「してみたいこと」をあきらめないことです。

もし、副業やボランティアなどでできる可能性があるのなら、今度はそれを踏まえた上で、どのような仕事に就けばいいのかを考えてみてください。

「好きなこと・好きなもの」と「夢・やりたいこと」を眺めていると、様々なつながりが思いつくでしょうし、いざつなげてみたら、全くもって不可能だったということもあるでしょう。

そのため、**最初のステップを書いた段階のものを何枚かコピーしておくとよい**かもしれません。

最後に、実際にどうやって書いていくのかを、具体例を挙げながら、もう一度説明して、この項目を終えたいと思います。

エモーションマップの書きかた①

好きなこと・好きなもの

スポーツ観戦

スイーツの食べ歩き

読書

地元の友達

おしゃべり

左ページの上に「夢・やりたいこと」、
右ページ上に「好きなこと・好きなもの」と書き、
それぞれに当てはまるものを○囲みで書いていきましょう。

夢・やりたいこと

いろいろなところへ旅をする

海外で仕事したい

マイホームを買う

地元を盛り上げたい

社長になりたい

エモーションマップの書きかた②

好きなこと・好きなもの

- スポーツ観戦
- スイーツの食べ歩き
- 読書
- 地元の友達
- おしゃべり

→ 地元に新しい銘菓をつくる

それぞれを見て、つながりそうだと思うのをつなげてみて、
目標を書いていきましょう。

夢・やりたいこと

いろいろなところへ旅をする

海外で仕事したい

マイホームを買う

地元を盛り上げたい

社長になりたい

エモーションマップの書きかた③

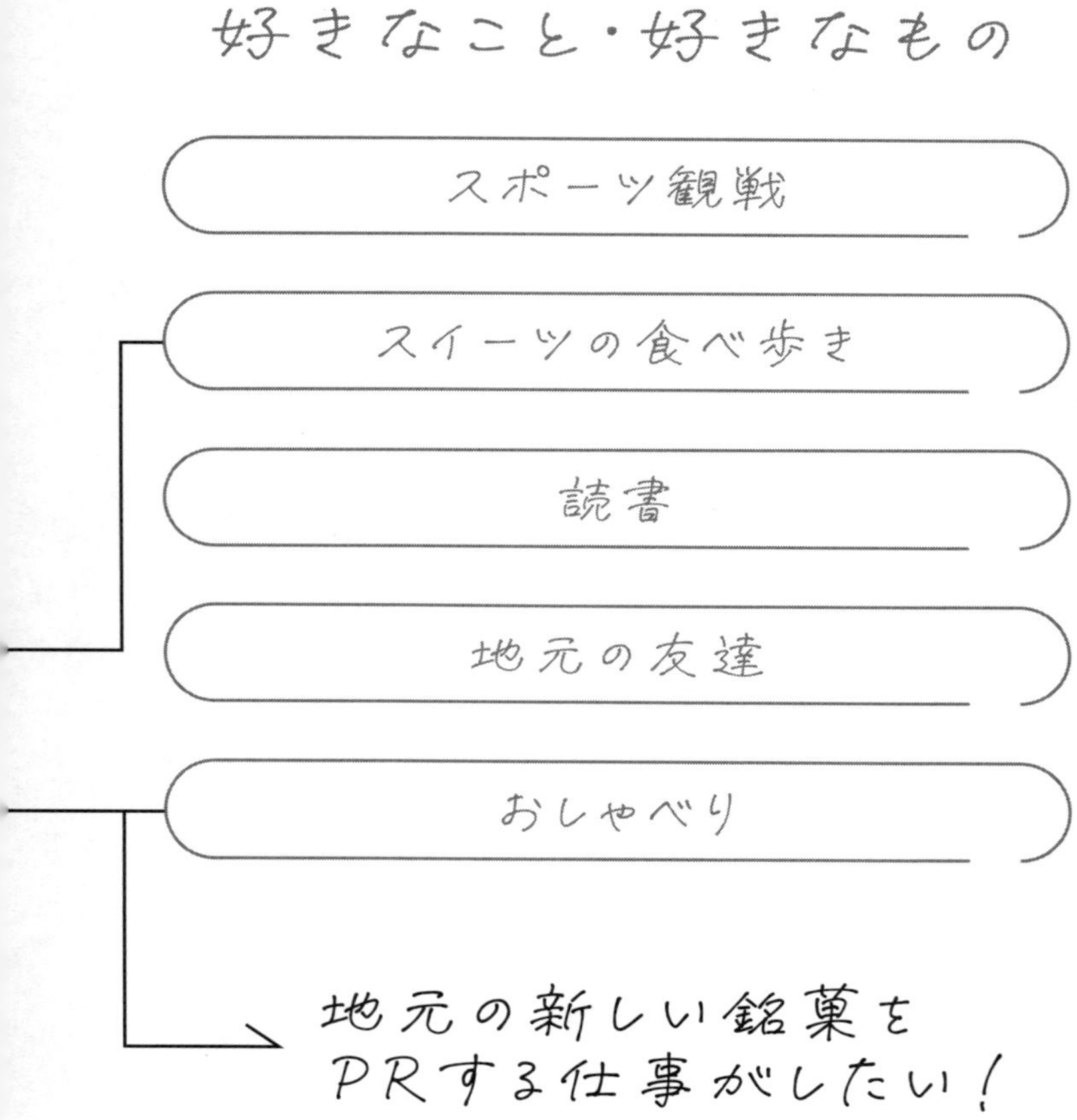

つなげるのは、二つでも三つでもOKです。

夢・やりたいこと

いろいろなところへ旅をする

海外で仕事したい

マイホームを買う

地元を盛り上げたい

社長になりたい

エモーションマップの書きかた④

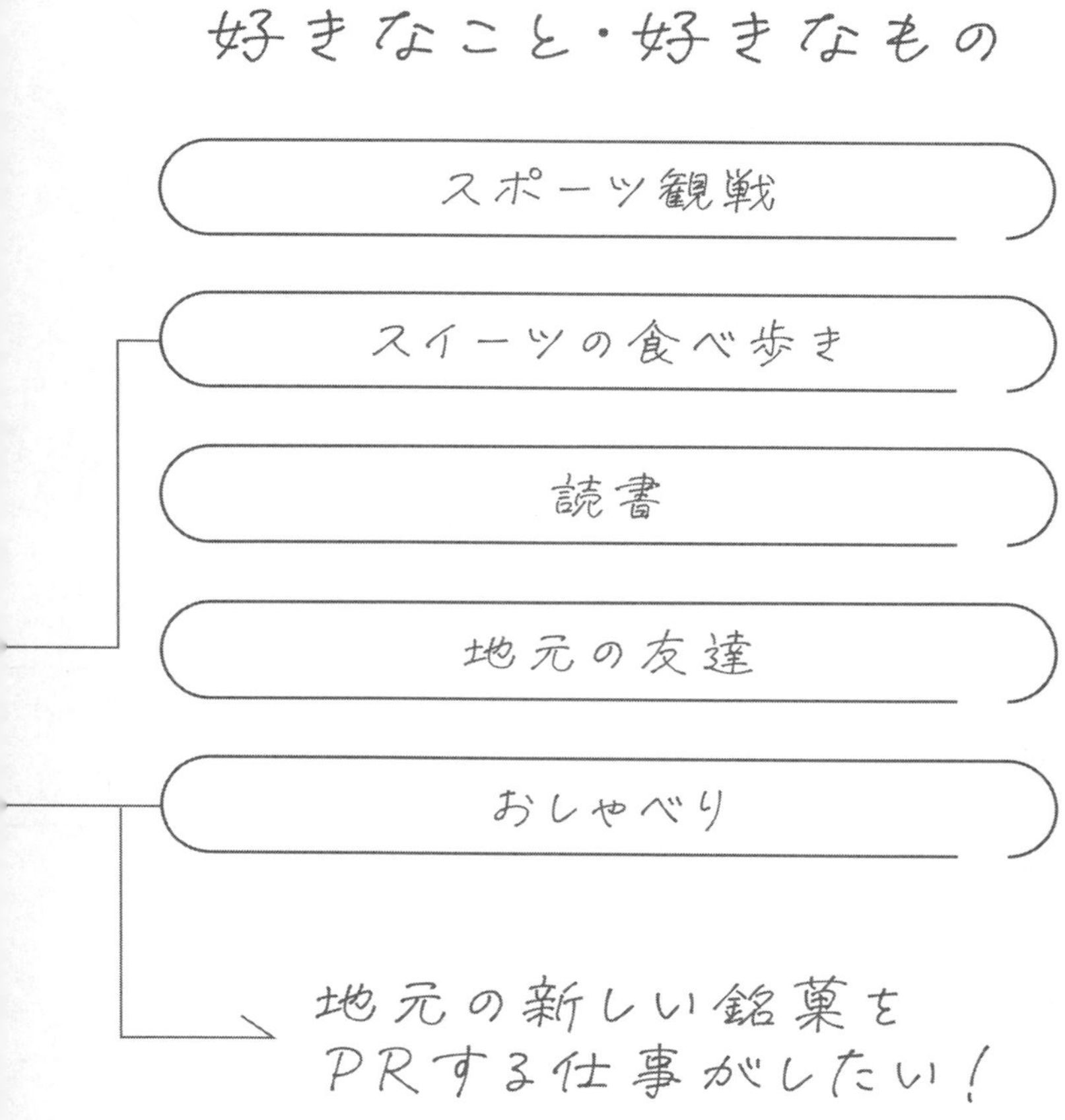

その目標を達成するためにはなにをすればいいかを書き出しましょう。
連想することは、どんどん書き出していきましょう。

夢・やりたいこと

いろいろなところへ旅をする

海外で仕事したい

マイホームを買う

地元を盛り上げたい

社長になりたい

- 地元お菓子メーカーで新商品出している企業を探す
- 広報がどんな仕事をしているのか → 書籍やネット、講習
- 文章力とか必要？
- 地元のライバルお菓子などを食べる
- その企業のお菓子を全部食べる

「未来マップ」で、より具体的なイメージへ！

「エンジョイ年表」「エモーションマップ」で、あなたの価値を育ててくれるような「したいこと」が見つかったら、最後の仕上げです。

これまで書いたものを参考に、通称「未来マップ」で未来のキャリアプランを作ります。

漠然と未来の目標を立てていても、実行が難しいものになることがほとんどですが、過去の分析や振り返りを経た後では、3年後や5年後、10年後にどのようなキャリアを築きたいか、より具体的なイメージができるようになります。

その上で、**その目標を達成するために、「今、どんなステップが必要なのか」**を考えます。

特定のスキルや資格を身につける必要があるかもしれませんし、新しい分野に挑戦したり、人間関係を広げたりする必要性に気づくかもしれません。

逆算していくことによって、それらのステップを具体的にプランニングしていきましょう。

「未来マップ」でやることは、簡単です。

A4以上の大きさの紙と筆記用具を用意してください。

そして、大よそ3等分になるように、横線を2本引き、上の欄から順に、「3年後の自分」「5年後の自分」「10年後の自分」と書いていってください。

後は、3年後の自分はどうなっているのかを書き、その下にそのために必要なことを書いてください。

同じことを5年後、10年後と繰り返すだけです。

具体的には次のようなものになります。

未来マップの書きかたの例

3年後の自分

- 地元お菓子メーカーの○○に、広報として就職している
- SNSなどの運用を任される

そのために必要なことは

- 求人情報を見る、SNSを自分でもいろいろと運用してみる
- お菓子メーカーでフォロワーが多いSNSをチェック

5年後の自分

- SNSだけではなく、さまざまなメディアに、商品を売り込めるようになる

そのために必要なことは

- メディアの人たちとの関係を作っていく
- さまざまなメディアを見て、特性を知る

10年後の自分

- 売れる商品を自ら開発して自ら売り込んでいる

そのために必要なことは

- 各地の銘菓の特徴を知る

一度決めたことに囚われない

さて、これまで「エンジョイ年表」「エモーションマップ」「未来年表」と様々なワークをご提案してきましたが、これらは、過去を固定化するために作るものではありません。

あくまでも未来の「好きなこと」を作るためのツールですから、定期的に見直しながら、新しい気づきをどんどん追加してください。

また、仕事やプライベートの状況は変化するものですから、目標を柔軟に変えていく姿勢も重要です。

自分が立てた目標にこだわり過ぎると、新しいチャンスを掴みづらくなる場合もあります。

一度決めたものにこだわらず、もし行き詰まりを覚えるようなら、もう一度やってみて、別の未来に切り替えることも大切なことだと考えます。

価値が育つ場所を見つけるために必要な、三つの情報

自分がやってきた「楽しかったこと」や「好きだったこと」を、実際に紙に書き出して振り返ることで、新しい可能性が見えてきたでしょうか？

ここに書き出したものが、あなたの価値が育つ、新しい仕事に出会うための羅《ら》針盤《しんばん》になります。

とはいえ、それでもなかなか書けない、もしくは書き出したけど見つからないという人もいらっしゃるかもしれません。

そこで、仕事選びの観点でもう少し焦点を絞り、**理想の仕事に出会うために知っておきたい具体的な三つの要素**を紹介しておきます。

①夢ややりたいことのステークホルダーを知る
②具体的にどのような仕事をしているのかを知る
③自分の好きな仕事ができる場所の情報を知る

①は、自分の夢ややりたいことを実現できると思われる領域について知ることです。

この時、**はじめから関連する職種を絞り込まないことが重要**です。

例えば、あなたは本を読むことが好きだとします。

すると、編集者やライター、書店員などが自然と候補に上がってくるでしょう。

でも、本にまつわる職種は他にも沢山あります。

出版社の営業はもちろんのこと、広報やPRを担う会社もあります。

また、取次会社や印刷会社が視野に入りますし、校正者やデザイナーになるという選択肢もあり得ます。

あるいは、図書館職員になったり、イベント会社で本に関する催しを担当したりすることも楽しそうではありませんか？

このように、**自分の好きなことの周辺に存在するステークホルダーの情報**を集めながら、自分にどんどん問いかけをしていきましょう。

次に、②でより詳しい業務内容を理解していきます。

いつの世も、**主な離職要因として挙げられるのは、「思っていたのと違った！」という思い込みと後悔の念**です。

ですが、よく考えてみれば、これらは単に**「事前のリサーチ不足」**の問題とみることができます。

自分の好きなことであるだけにポジティブなバイアスがかかってしまったり、待遇面ばかりに目がいったりしてミスマッチが起こるわけです。

そこで、具体的にどのような仕事をしているのかを詳しく調べていきましょう。

調べるうちに、さらに細分化された、より自分にマッチした仕事に出会えることもあります。

最後に、③の仕事場選びの情報です。

ここまで候補として検討している仕事は、大きな会社でしか実現できないことでしょうか？

それとも中小企業やベンチャー企業、またはフリーランスなどのほうが、よりやりたいことに近づけるでしょうか？

先にも述べたように、**あなたの価値を育てていくために、「場所」はとても重要なファクター**です。

ネットなどで様々な情報を調べると共に、それらの企業と付き合いがある人材会社の担当者とヒアリングを重ねてみてください。

挑戦し、行動し続けられることが幸せ

無事に**自分の新しい可能性を開く仕事に出会うことができれば、その場所で働くことが、あなただけの成功や幸せにつながっていきます。**

よく「なんのために仕事をしていますか？」と問われた時、「お金を稼ぐため」「出世するため」と迷わずにはっきりと答える人がいます。

その一方で、「幸せな時間を過ごすため」という人もいます。

考え方は人それぞれですが、皆さんはどのような仕事観を持っているでしょうか？

私の場合、ここまで述べてきたように、**新しいことに向き合い挑戦することや、それをやり続けられる状態が、自分にとって一番の成功であり、幸せ**だと感じています。

一般的に、会社を立ち上げたばかりの時は、経営を安定させ、主力事業を盤石にしていくことなどに注力します。

当然ですが、これはとても重要なことです。

しかし私は、一経営者として、今現在もなにか新しい事業の種を探したり、その準備に追われたり、「次はこれをやらなくちゃ……」と言いながら、ざわざわして働いていることが、なによりも幸せを感じる瞬間です。

こうして自分でアクションを起こし続けられること自体を成功と呼べるのなら、私はずっと成功し続けたいと思うし、また成功し続けられると信じています。

それ故に、**私にとって仕事とは「自己表現」**なのです。

そして、働く人一人ひとりに、そんな自己表現のできる機会を提供していくことが、私の使命でもあります。

大丈夫を届けたい

世の中に残る仕事、誰かの心に残る仕事、「得意なこと」を活かせる仕事を、求職者一人ひとりに、最適なかたちで提供する。それをやり続けることができる限り、私はきっといつも幸せなのでしょう。

私には、かつてお客様に言われて一番嬉しかった言葉があります。

「あなたの大丈夫という言葉に何度救われたことか」という言葉です。

というのも、私はいつも、どんな時でも、お客様に次のような言葉を言い続けてきました。

「大丈夫です」
「心配ないです」
「やっておきます」
「お任せください」

そうして、お客様に「大丈夫です」という言葉をどれだけ提供し続けられるかが、自分の価値だと考えていました。

それをやり続けることができたのは、やはり自分でアクションを起こし、新しいことに挑戦すること自体が、私にとっての幸せだったからです。

そんな自分の幸福感が、お客様に安心感として伝わっていたのではないかとみています。

うがった見方かもしれませんが、私が「大丈夫です」という言葉を提供し続けることが、現在のユニークピース社の主な仕事でもある、地域課題や社会課題の解決にもつながっているのだと思っています。

仕事を通していろいろな立場の人たちに励ましを与えられる存在になりたい。

そして、私から「大丈夫にしていく」仕事を世の中に刻んでいきたい。

そんな思いが私の中にあります。

これからも、**私は自分の仕事を通して、沢山の喜びや楽しみを提供していくつもりです。**

また、そんな思いを持った人たちと世の中をつなげていきたいし、そんな人たちと一緒に働いていきたいと思っています。

第 4 章

自分の価値の育てかた

価値は経験によって育っていく

第3章では、自分の価値の見つけかたについて、具体的なメソッドも含めて述べました。

自分には既に沢山の経験があり、その中の特定の経験を見つけて育てていくことが、唯一無二の価値につながっていくことがおわかりになったのではないでしょうか？

ただ、人によっては、時間と経験を重ねるごとに、逆に自分の可能性が狭まっているように感じる人もいるかもしれません。

例えば、自分がまだ学生や新社会人であれば、自分にいくらでも可能性が残されていると信じるのはさほど難しくはないでしょう。

たとえ、「自分にはなにもない」と感じていたとしても、それこそ時間をたっぷりかけて、経験や努力を積み重ねていけば、「自分はいつの日か何者かになれる」という可能性を、自分で信じることができるはずです。

ですが、**30代、40代と歳を経ていくと、自分の可能性がかなり目減りしていることを目の当たりにする機会が増えていく**かもしれません。

それは実際に、応募できる求人数が減っていたり、採用条件が難しくなったりするなど、厳しい現実によって思い知らされる場合もあります。

また、なにより時間が不足していきます。

家族やパートナーがいる方は、育児や介護などの問題も出てきますから、当然、自分一人のように振る舞うことはできません。

今の仕事でリーダー職などにあれば、業務もかなり増えていくはずです。

さらに、その**時間の不足をカバーする体力も少しずつ落ちていく**でしょう。

これらに加えて、暮らしの環境も関係します。とりわけ地域の主要都市から離れた地方で暮らしている場合は、自ずと職種の選択の幅も狭まっていきます。

こうした状況が、自分の可能性が目減りしていく感覚を作っているのです。

それでも私は、**今の世の中では、30代、40代の人が挑戦できる可能性はかなり広がってきている**とみています。

これは、コロナ禍を経てリモートワーク環境が普及し、場所や環境を問わず、フレキシブルに働けるようになってきたことが大きいでしょう。

また、多くの人が、自分の働き方や生き方をあらためて見つめ直したことで、勉強や資格取得などの「自己投資」に踏み出す人が増え、企業や組織でもリスキリングの機運が高まっています。

つまり、**どこにいても、何歳であっても、自分がこれまでにやったことがない仕事に挑戦することができる可能性は、間違いなく広がっている**のです。

だからこそ、先に述べたように、自分の価値を、まず自分で信じることが重要なのだと思います。

「年齢が高いから」「経験がないから」という理由だけでキャリアが狭まるという考え方は取っ払っていただき、むしろ自分の新しい可能性に挑戦できる環境になっている事実のほうに、ぜひフォーカスしてみてください。

今後は、「人生100年時代」が到来し、50代や60代であっても、次のキャリアデザインを考えていく必要があります。

その流れを踏まえて、国や自治体が様々な施策を展開しはじめていることから、個人の機会と可能性はどんどん広がっていくとみていいでしょう。

ユニークピース社でも、第3章で紹介したような、自分の価値を育てて、「好きなこと」をやるという人生の目標を達成するために、本当に出会いたい仕事を見つけて、つなげるビジネスを進めています。

同時に、キャリアアップによってしっかり収入を上げていくという、働く人の現実的な希望を叶えていくことにも注力しています。

価値は経験によって伸びていきます。

どこにいても、何歳であっても、**まず新しい経験に踏み出していくことがとても大切**です。

そして、実際に行動していくために、今はまたとない時代になっているのです。

自分がもっとも自分の経験の価値をわかっていない

第3章で紹介したワークは、自分が経験してきたことを丁寧に振り返り、なにより、その経験が持つ価値を再認識していただくためのものです。

小さなことでもいいので、なにかを達成した経験や、誰かに褒められた出来事を振り返り、フォーカスを当てていくと、自分の価値が育っていく可能性が高くなります。

人間は、普段どうしても主観的にものごとを考えがちです。

それによって感情に囚われることも多くなり、自分を客観的かつ俯瞰的に認識するのはなかなか難しいことです。

自分がもっとも自分の経験の価値をわかっていないものです。

だからこそ、仕事やプライベートで体験した「嬉しかったこと」「好きだったこと」を、振り返る時間を設けて、実際に紙に書き出していく作業が有効です。

それによって、「その時どんな気持ちだったのか」「なにか新しいことに挑戦していたのか」「これから自分になにができるのか」と、思考を深めやすくなり、自分に合っていることや、今後進みたい方向性なども見つかりやすくなります。

失敗体験やネガティブな出来事も、自分の価値を育てていく上では、大切な素材になります。

第3章で紹介したワークは、「好きなこと」を見つけるという狙いのため、ネガティブな経験にあえてフォーカスしていませんが、それは決してネガティブな経験が無用だという意味ではありません。

ネガティブな経験は、自分がなにかに挑戦しようと思い、実際に行動したから生じたわけですから、むしろ自分の価値を知るための有用な情報が詰まっています。

そこで、**ネガティブな過去の経験を洗い出し、今の自分が「どう受け止めるのか」が重要**なプロセスになります。

心理学には「リフレーミング」という手法があります。文字通り、ものごとを見たり、考えたりする際の枠組み（フレーム）を変えて、別の視点から捉え直すアプローチのことです。

この方法を使えば、**ネガティブな経験の捉え方や視点を切り替えて、異なる角度から光を当てることで、そのメリットや解決策を見出すことができます。**

それらを次の行動へと活かすことができれば、ネガティブな経験は、むしろポジティブな経験につながる大きなきっかけとして捉え直すこともできるというわけです。

経験の量ではなく「質」を高める

このアプローチは、他者から受けるネガティブな「評価」にも活用できます。

他者からのネガティブな評価を気にし過ぎる人は多いのですが、他者は自分の力でコントロールできません。

ネガティブな評価を受けても、ある意味ではどうしようもないことです。

ですが、**評価の「受け止め方」は、自分の力で変えることができます。**

例えば、**他者からの評価はすべて、「自分を成長させるための材料に過ぎない」と思考の枠組みを変える**と、すべては自分がよりよくなるための、手がかりやチャンスと考えることができます。


もちろん、理不尽な評価やハラスメントは絶対に許してはなりません。

一方で、それらを除けば、自分の捉え方次第で、課題解決や人間関係の改善につながったり、前向きな気持ちになれたりすることでストレスコントロールもできるはずです。


よく、「何事も経験だ」「経験こそが可能性を作る」などと言われます。

確かに、何事も実際に行動して経験を積まなければ、実質を伴いませんから、これは本質的な洞察といえるでしょう。

ですが、この考え方を素直に受け入れてしまうと、これまでの経験によってすべてが決まってしまうことになり、いつ、どこからでもやり直しができるという本書の主張と相入れません。

そうではなく、自分の新しい可能性を拓くためには、**既に自分が持っている経験を「どのようにいい素材に変えて活用していくか」**という視点が必要なのです。

つまり、単純に、**量や費やした時間で経験を考えるのではなく、「質」として捉え直してみる**ということです。

すると、「自分には経験が不足している」とあきらめる必要はなくなり、過去の経験の捉え方を変えて、今から「質」を高めていけると発想を転換することができます。

このように、自分の経験自体をリフレーミングし、そこから気づきや洞察を得ることで、未来の可能性をどんどん広げることができるのです。

今日の経験を最大化する、スケジュール帳のつけかた

自分の経験自体をリフレーミングすることが、難しい作業のように感じる人もいると思います。

ですが、私は、**毎日の「小さな振り返り」を繰り返すことで、無理なく経験の質を上げていける感覚**を持っています。

簡単な方法を一つ紹介しましょう。

用意していただくのは、1日のスケジュールが時間ごとに記載できるようになっているスケジュール帳です。

もちろんいろいろと好みがあると思いますが、スケジュールは、この手のものに書き込むようにするのがお勧めです。

普段は、打ち合わせや外出予定、アポなどその日の重要な予定しか書かないかもしれません。

そこに、**今日1日の細かな行動（仕事）、そこで得た気づきを書いていくという方法です。**

具体的な方法は、自分に最適な形に適宜カスタマイズをしていただいて結構ですが、基本となるのは次の3ステップです。

①空いている時間に、その時間に行ったことを書いていく

②その時間に得た「気づき」を書く（○△×で自己評価をしてもいいのですが、ポジティブ、ネガティブ双方のバイアスに注意）

③なぜ②の気づきを得たのか、理由を掘り下げる

ポイントは、自分の経験を、毎日丁寧に扱う姿勢を養うことにあります。

日々の活動や経験は、捉え方を変えるとすべて自分を高めるための材料になりますから、それらを箇条書きにする（①）だけでも、体験が流れるままにならず、自分の価値に気づきやすくなります。

次に、②のステップによって、ポイントになる体験から、次に活かしたいことや改善点などを得ることができます。

さらに、③で問いを深めることで、単なる反省や改善点などに留まらない、自分の本当の気持ちに迫ることができます。ここでは、さらに思いついたことを書いても構いません。

このように**1日の出来事を文字にすることで、思わぬ発見や見落としていたことなどがあきらかになり、自分の経験を活かしていく手がかりになる**のです。

これらの振り返りは、できれば毎日続けていただきたいので、①は多くなり過ぎないようにしてください。

実際に手を動かすと、いろいろな出来事が蘇ってくるもので、いつの間にか数が増えていく場合もあります。

ですが、それらを深めるステップ（②③）もあるため、慣れないうちは三つ程度がいいでしょう（もちろん時間を取ってゆっくり振り返りたい人は、その限りではありません）。

スケジュール帳を使うのは、今日1日の出来事を時系列で振り返りやすくするためです。

時間が決まった予定や用事だけでなく、**1日のどこかでぼんやりと考えたことも、時系列で振り返ることで、「何時頃に、どこで、なにを考えたのか」を思い出しやすくなる**という理由があります。

意外に思われるかもしれませんが、案外、多くの人がスケジュール帳を見返しません。

基本的にスケジュール管理のツールとして使われるため、現在と近い未来の予定ばかりに目が向いてしまうことがほとんどです。

すると、自分の行動や思考がただ流れていくばかりになり、相当意識しない限り、そこからなにかの気づきや洞察を得ることは難しくなります。

また、自分の可能性は未来にあるのだから、過去を振り返っていても意味がないという考え方もあります。

ですが、**自分の過去の経験を丁寧に扱わないから、いつまでも同じ悩みに苦しめられたり、仕事や人間関係などでも同じ失敗を繰り返したりする**とみることもできます。

やはり自分の日々の経験をきちんと消化していくべきなのです。

自分の過去の行動や思考は、自分の価値を育てるための最高の材料であり、実は大きな価値が眠っているものなのです。

それを振り返って活用しないのは、私はとてももったいないないと感じます。

面倒くさそうに思いますが、大体10分~15分で終わります。

次ページに、書き方の一例を掲載しておきますので、参考にしてみてください。

自分の経験を最大化する手帳術の例

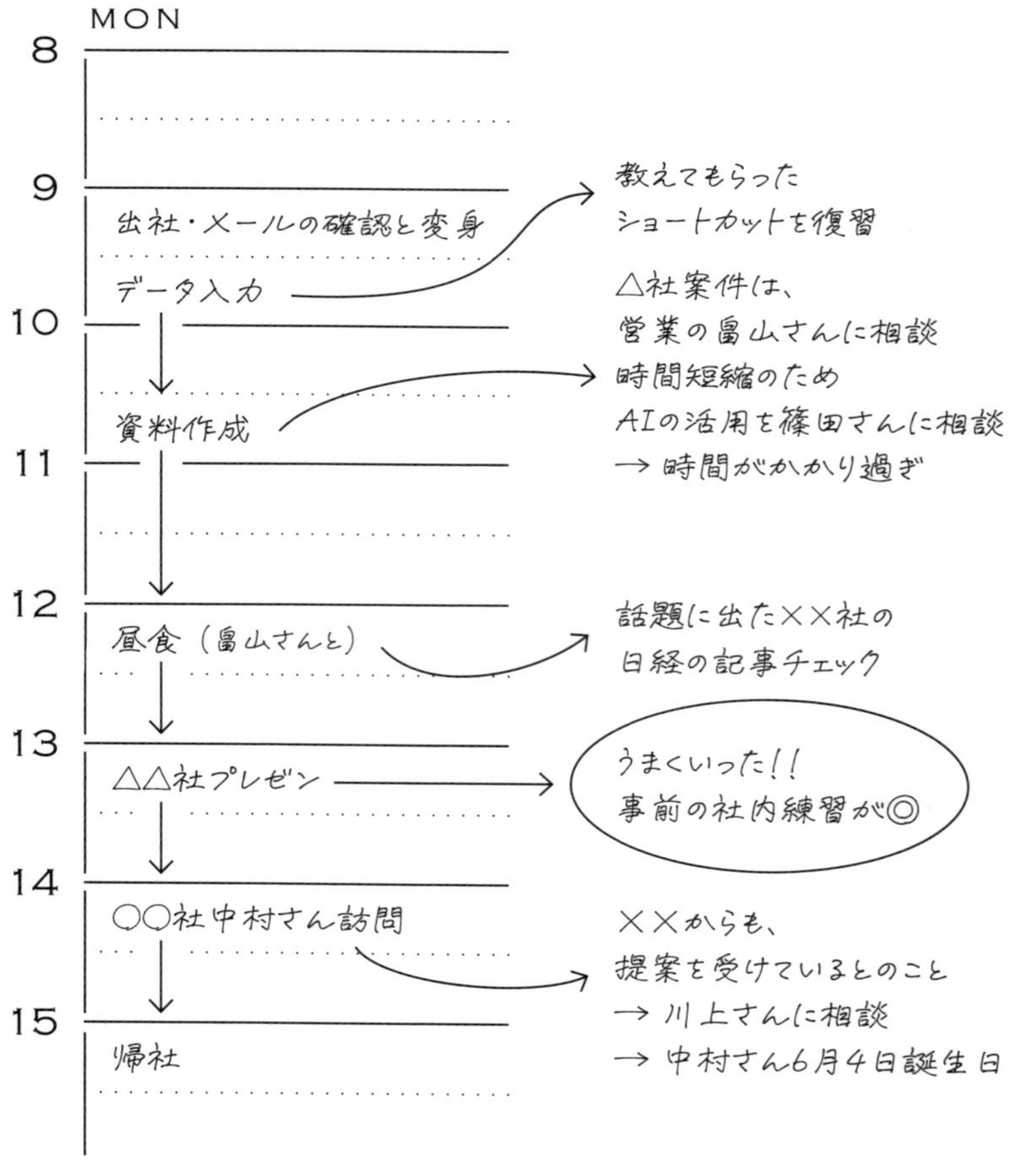

名刺を成長のための振り返りツールに変える

もう一つ、自分を振り返る時に使える身近なツールが名刺です。

私は社会人になった初年度から、今まで会った人たちの情報をすべて名刺で管理しています。

社会人になってからずっとですから膨大な数にのぼりますが、「あの人とはこんなことがあったな」「あの仕事でご一緒したな」という思い出を、名刺でなるべくスムーズに思い出せるようにしています。

そしてこれが「自分の経験の振り返り」にとっても、かなり役立つのです。

そこで私は、名刺にひと工夫して、**その時の出来事や自分が感じたこと、考えたことなどを名刺の裏に一言で記しておく**ようにしています。

すると、名刺が自分仕様の振り返りツールに変わります。

スペースが限られるので、あくまで一言で構いません。

「笑顔で話しかけてくれた」「この人みたいに頑張らなければ」という具合に、できるならポジティブな感情や出来事を記しておくといいでしょう。

このように名刺の裏にその人の情報や自分の記憶を記しておくと、**名刺を振り返るだけで、各々の出会いと紐付けされた状態で記憶を引き出すことができ、当時自分が感じていたことや、経験したことが自然と蘇る**わけです。

自分を振り返るツールとしての名刺をぱらぱらとめくる時間を、私は折に触れて意識的に設けるようにしています。

そんなことをするようになったのには、理由があります。

実は私は、もともと人の名前を覚えるのがとても苦手だったのです。

名刺として手元に情報は残りますが、一般的に名刺に顔写真は載っていませんから、沢山の人とお会いしていると、どうしても顔と名前が一致しなくなってしまうのです。

でも、次にお会いする時に名前と顔が一致しなければ失礼に当たります。

そこで、名刺を時々見返す癖をつけていたところ、習慣になり、今でも続けているというわけです。

久しぶりに会った時に自分の名前を覚えられていると、たいていの人は嬉しくなるものです。

そのため、私は会った途端に、自分から「○○さんこんにちは！」というふうに、必ず名前で呼びかけることを心掛けています。

ちなみに、名刺を振り返ると、うまくいかなかった仕事や、叱られた体験を思い出し、嫌な気持ちになることがあるかもしれません。

かくいう私も、もの凄く怒られた体験が蘇って、理由もなく焦ってしまうこともあります。

ですが、重要なのは、**それらはすべて終わってしまった過去の出来事だと認識すること**です。

成功者に共通して見られる七つの特徴

自分の価値を育てていくために、もっとも大切な自分の経験を振り返り、その質を上げていく方法を紹介しました。

繰り返しになりますが、**自分の価値を、まず自分で信じる**ことが重要です。

また、その**自分の価値は、経験によって育っていくことを認めてあげる**ことも大切。誰しも、幼い頃は多かれ少なかれ夢や憧れを持ち、なりたいものになんでもなれると素直に信じているものです。

しかし、成長するに従って、いつしか「自分はこのくらいの人間だろう」という認識を無意識ながらも持つようになり、やりたいことや将来の可能性を、自分で限定してしまう傾向があります。

世の中には、いわゆる「成功者」といわれる人たちがいます。

そんな人たちは、他の大多数の人たちといったいなにが違うのでしょうか？

私はこれまで、様々な優良企業の経営者や、重要なポジションで働くビジネスパーソンに数多くお会いしてきました。

その経験から、この疑問に対して一つの答えはないものの、成功者に共通して見られる特徴を挙げることはできると考えています。

それが次の七つの特徴です。

・ポジティブ思考
・チャレンジ精神
・運
・勉強熱心で読書家
・時間の使い方
・経験と人脈
・想像力

これらは**それぞれがつながり、相乗効果で高まっていく特徴**と見ることができます。

例えば、何事もポジティブに考えられる人は、失敗に対する捉え方も人とは異なるはずです。

すると、**失敗しても「次のチャンスへのいい学習になった」と考える**可能性が高くなり、それはチャレンジ精神につながっていくでしょう。

また、「何事も勉強だ」と考えられる人は、そもそも勉強熱心な傾向があり、仕事や生活で忙しくても勉強や読書の時間を捻出しようとするはずです。

そうした思考によって、より効率的な時間の使い方を考えるようになるのです。

運についても、一見捉えどころがない要素のようですが、単純に確率の問題と考えれば、**チャレンジ精神を持って行動する機会が多い人のほうが、いいチャンスに巡り会える確率（運）が高まる**と考えることができます。

では、成功者に共通して見られるこれらの特徴は、どんな人でも磨いていけるものなのでしょうか？

あなたの価値を育てる「逆境力」と「レジリエンス」

成功者に共通して見られる特徴を養っていくために、ここでは**「逆境力」**という概念を紹介します。

これは、国内初のポジティブ心理学の社会人向けスクール「ポジティブサイコロジースクール」の代表である久世浩司さんが提唱されている概念です。

彼のこの概念や理論に、私は凄く共感することが多く、皆さんの価値を育てるために非常に重要なものだと感じています。

そこで今回、許可のもと、私なりにそのエッセンスを紹介します。

もし、もっと深く知りたい方は、久世さんの著書『なぜ、一流の人はハードワークでも心が疲れないのか？　実践版「レジリエンス・トレーニング」』（ＳＢクリエイティブ）を、ぜひチェックしてみてください。

逆境力とは、**挫折や失敗などの困難に立ち向かい、自分の目標に向けて進んでいく力**のことです。

また、**新しい状況の変化に柔軟に対応できるしなやかな力であり、ストレスにさらされても、やがて自分の心を回復させられる力**のことをいいます。

この逆境力は、「レジリエンス」「ウィルパワー（後述）」「ウェイパワー（後述）」という三つの力から構成されています。

「レジリエンス」とは、回復力・弾性（しなやかさ）を表す言葉です。

生きていると、困難や悲しみ、辛さなどを感じる状況に遭うことは誰にでもあることです。

こうした状況に陥ってしまうのは、時に避けようがなく仕方のないことですが、大事なのはそこから回復する力です。

つまり、**レジリエンスとは、困難や脅威に直面している状況にある時、それに対して「うまく適応できる能力」や「うまく適応していく過程」、また「適応した結果」を意味します。**

この時、回復に至るまでには三つのステップがあります。

例えば、順調に進んでいた仕事が、ある出来事をきっかけにうまくいかなくなると、状況がどんどん悪くなっていきます。

そして、程度の差こそあれ、やがてどこかで底打ちします（①）。

その後、時間はかかるかもしれませんが、それを跳ね返すような形で少しずつ回復していく過程へと入っていきます（②）。

この時、あまり時間をかけずに②の段階へ入っていくことが理想的ですが、ポイントは、**「底打ち→回復」の一連の動作を繰り返す中で、そこから得た気づきや学びを「教訓化」（③）していくこと**です。

レジリエンスが発揮されるイメージ

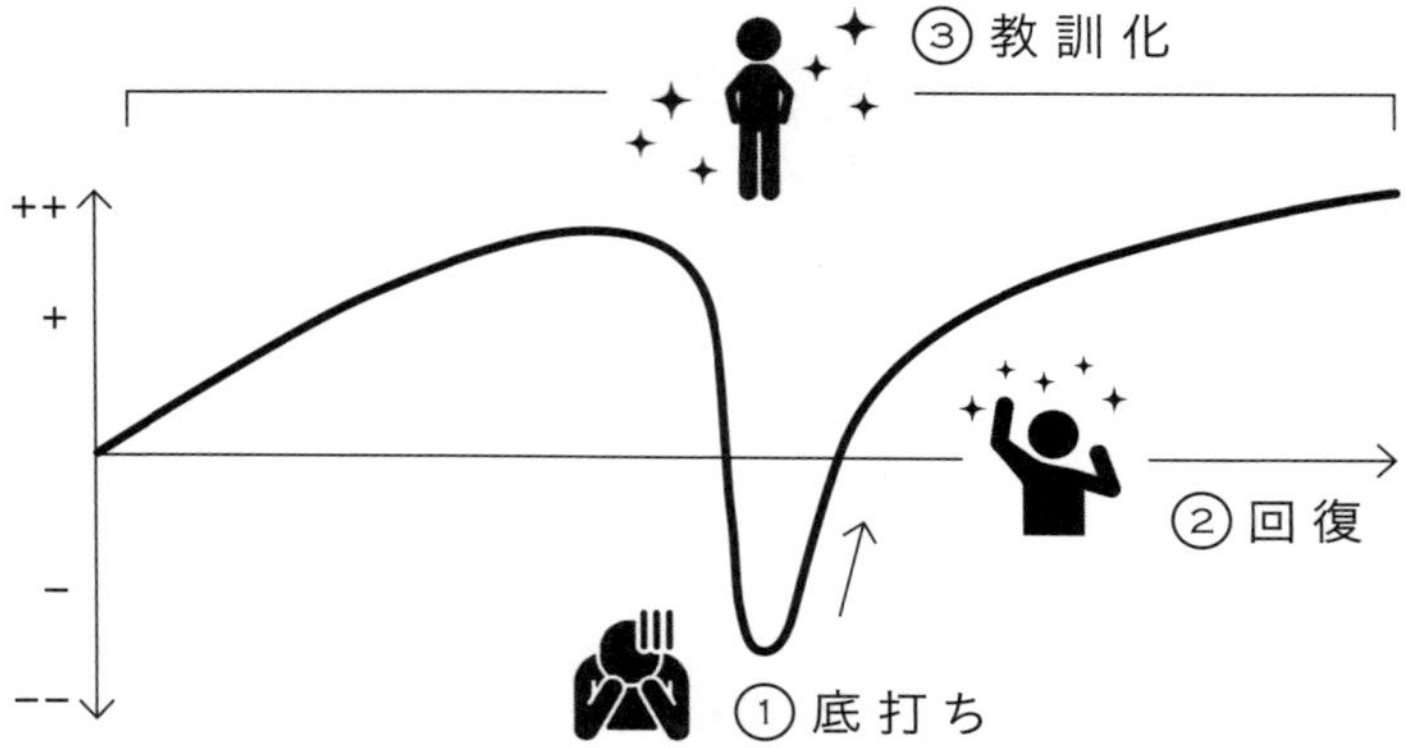

仕事での提案やプレゼンテーションなどで失敗した時でも、ただ落ち込んで終わりにするのではなく、**「なにが足りなかったのだろう？」「この要素をもっと入れるべきだったのかな？」**と、振り返ってみる。そのプロセスの中で、「次はこうしよう」という学びが得られるわけです。

かくいう私も、ユニークピース社を起業してから、失敗は日常茶飯事です。でも、「また失敗した！」という瞬間、少しは落ち込みますが、すぐに「なにを見落としたのか？」「この手を打つべきではなかったか?」と、置かれた状況から学びを探すようにしています。

また、「失敗しても必ず明日は来る」「他のお客様もいるから大丈夫」と自分を励まして、意識的に気持ちを立て直すように心掛けています。

つまり、いかにしてモチベーションを保ちながら回復していくか。そして、前を向いていこうと思うようにするかが大切なのです。


仕事で失敗したり、なかなか仕事が見つからなかったりといった辛い状況でも、**「なにか自分に変えられるところはないかな?」「このままじゃダメだ、どこかで立て直さなくては!」と、自ら回復しようと意識する姿勢が必要**です。

その一つひとつの過程(経験)が教訓化され、次に活かされるプロセスを繰り返す中で、レジリエンスが高まっていくというわけです。

「レジリエンス力」を高める六つの要素

レジリエンスと聞くと、よく「メンタルが強いことでしょ？」と思う人がいますが、レジリエンスはメンタル自体を強くすることではありません。

メンタルを強くしようとして、なにが起きても動じない心を作ろうとしたり、「絶対にぶれない！」と根性を出したりする必要はありません。

先に、回復に至る三つのステップを紹介したように、底打ちするまで落ち込んでいいのです。

大切なのは、**困難があっても、そこからしなやかに回復して、次に向かえる力を得ること**です。

そんなレジリエンス力を高めていくための、六つの要素をまとめます。

①自己認識

多忙な生活の中でも、**自分を丁寧に振り返る習慣を持つと、自分の価値にあらためて気づくことができます。**

そこで、先に述べた、スケジュール帳や名刺の裏などを使うメソッドを取り入れると、「自分の経験にどんな意味があるのか」「別の捉え方はできないか」といったことを、手軽に分析することができ、自己認識の力を高めることができます。

②楽観性

楽観的な思考を持つと、困難な環境にあっても、自分の成長や可能性につながるポジティブな一面を探すことができます。

先に、成功者に共通する特徴として「ポジティブ思考」を挙げましたが、**どんな経験も、次なるチャンスへの足がかりにして進んでいくことができる**のです。

その結果、ストレス耐性が高まり、つい頭に浮かびがちな不安や恐れの感情に囚われることも減っていきます。

③ 自制心

後に「ウィルパワー」という意志力について紹介しますが、自制心は、まさに自分の衝動や欲求をコントロールできる力です。

次々と移り変わる感情に簡単に流されなくなるので、ネガティブ思考にも囚われにくくなります。

また、**①で述べたメソッドを活用していると、自分を客観的に見つめるトレーニングにもなり、それによって自制心をより高めることができます。**

④ 精神的柔軟性

皆さんは、職場で提案される意見や、友人・知人からのアドバイスを、どの程度活用できていますか？

本やネットなどの情報からどれくらいの知識を得ているでしょうか？

無理に取り入れる必要はありませんが、自分だけの考え方に凝り固まっていると、視野がどんどん狭くなり、精神的柔軟性を失ってしまいます。

それによって、さらに難しい状況を引き寄せることもあるため、**多様な考え方や価値観に対してはなるべく柔軟でなおかつ、オープンマインドでいることが大切**です。

⑤自己効力感

自己効力感とは、「自分にはできる」「自分ならきっとうまくいく」と思える感覚のことです。

この感覚が不足してしまうと、自分に対する評価が低くなり、自信が失われていきます。

逆に、この感覚が高まると、種々のストレスを軽減させることはもとより、モチベーションや生産性の向上につながり、結果的にレジリエンスを維持することができます。

⑥人とのつながり

人は一人では生きていけない以上、人とのつながりはとても重要な要素です。今までに述べてきた**精神的柔軟性や自己効力感がいい状態にあれば、他者を自然とリスペクトして、ありのままに受け入れることができます。**

その結果、仕事やプライベートでの人間関係が良好なものに変わります。会社や組織では、自分の意見や気持ちを誰に対してでも安心して話すことができる「心理的安全性」を醸成することもできます。

「希望力」を生み出す二つのパワー

「レジリエンス」「ウィルパワー」「ウェイパワー」を含む総合的な力として、「逆境力」という概念を紹介しました。

ここで、もう一つ、**「希望力」**というキーワードを紹介しましょう。

希望というと、少し抽象的な、曖昧なイメージを持つ方もいるかもしれませんが、実は心理学における具体的な研究分野の一つです。

なかでも、米カンザス大学のリック・スナイダー博士は「希望理論」というフレームワークを提唱しました。

簡単に説明すると、この理論は希望や達成に関する心理学的なフレームワークです。

ポイントは、希望を単なる感情として位置づけるのではなく、**「目標達成に向けた具体的な行動」に影響を与える動機**の一種として捉えることにあります。

それを踏まえて、スナイダー博士は希望をこのように定義しました。

――希望とは、ゴールを概念化し、障害があってもゴールへ向かう道筋を見つけ、その道筋を歩み続けるためのモチベーションを保つ能力――

つまり、希望には、まず個人が達成したいと願う具体的な目標が存在するということです。

これが前提であり、**目標がないところに希望はない**ともいえます。

次に、希望を持つ人は、**目標達成のための「道筋」を考えて進む**ことができます。

この時の道筋は一つではなく、複数の方法や選択肢を検討したり、組み合わせたりすることができます。

最後に、**目標達成に対する「意欲」や「自己効力感」を持つ**ことが重要です。

確かに、いくら目標があって、それに至る道筋が見えていても、それを行動に移す意欲がなければ実際にはなにも起こりませんから、意欲はとても重要です。

また、「自分はその目標を達成する力がある」と信じることができると、行動に向かうモチベーションが高まっていくでしょう。


少し学問的な話を述べましたが、要するに、**「希望力」が高い人ほど、自分の目標に向けてモチベーションを維持・向上させることができます。**

加えて、目標達成のために具体的な計画を作成することができ、たとえ困難にぶつかっても簡単にあきらめない意欲があり、その状況に柔軟に対処できるというわけです。

そして、この「希望力」を高める要素こそが、先に述べた「ウィルパワー」と「ウェイパワー」という二つの力なのです。

望みを叶える「ウィルパワー」を鍛えよう

では、「ウィルパワー」について説明します。

ウィルパワーとは**「意志力」**のことで、人間の注意や感情、思考や意欲をコントロールする能力を指します。

また、目標に向かって進んでいく力や、目標までの道のりにある誘惑に負けない自己コントロール力も含みます。

運動やダイエットを継続する時のことをイメージしていただくとわかりやすいと思います。

実は、ウィルパワーはよく「筋肉」に例えられます。

つまり、**意志力は自分で鍛えることができて、維持することができる能力**。意志の強い弱いは、持って生まれた特質のように思えますが、個人差があるとはいえ、適切なプロセスによって鍛えていくことができるのです。

ウィルパワーってなに？

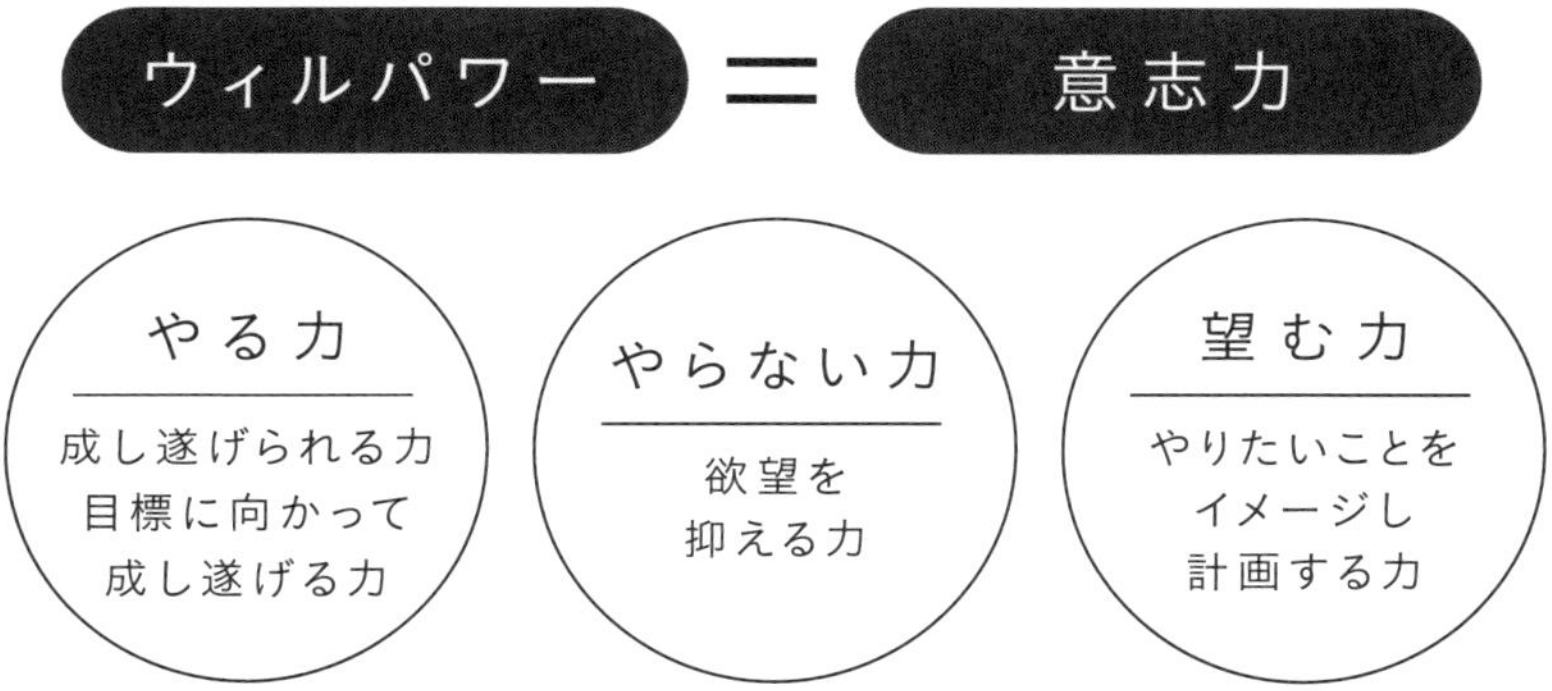

さらに、意志力は高めるだけでなく、消耗させないことが重要とされていることもポイントです。

つまり、意志力とは、**目標に向けて成し遂げる「やる力」**であり、同時に、**欲望を抑える「やらない力」**です。

そして、**やりたいことをイメージし、計画する「望む力」**でもあります。「これから自分はどうなりたいか」「どんな仕事をして働きたいのか」といったことを、考えることができる力です。

ちなみに、社会人になると、ただ自分で望むだけでなく、それを他者に言葉で表現し伝えられるかどうか。

それが求職をはじめ目標実現のために欠かせない能力となります。

意志力に関して、知っておきたい注意点もあります。

先に意志力を筋肉に例えましたが、**意志力は減っていくものでもある**という事実です。

アメリカの社会心理学者であるロイ・バウマイスターは、人の思考・感情・行動をコントロールする能力（ウィルパワー）が減少する現象を、「自我消耗」として理論化しました。

そんな意志力が消耗する主な要因は、ストレス、血糖値低下、決定疲労、長時間労働、マルチタスクなどが挙げられます。

どれも留意したい要因ですが、ここでは決定疲労に注目してみましょう。

決定疲労とは、意思決定を長時間繰り返した後に、個人の決定の質が低下する現象をいいます。

例えば、「進路をどうしよう?」「通勤の方法はなにがいいか?」といった仕事上の迷いから、「今日の晩ごはんはなににしよう?」「どのメーカーのパソコンを買おうか?」といった生活上の迷いまで、**決定することが多くなればなるほど人は疲れてしまう**ということです。

さらに、そうした状態で下した判断は、**不合理な意思決定の原因の一つ**になります。

それこそショッピングモールや100円ショップなど、店舗や商品が非常に多い場所で買い物をすると、「これも買おう」「あれも必要かもしれない」と迷いはじめて、意思決定の質が下がっていき、感覚が麻痺したかのように買い過ぎてしまう場合があります。

皆さんはそんな経験がないでしょうか?

仕事も同様です。

特にリーダー職になったり、大きなプロジェクトを任されたりして重要な決断を下す機会が多くなると、ウィルパワーを大量に消費して、意思決定の質が落ちていくことがあり得ます。

たとえ大きなミスをしなかったとしても、**先延ばしや回避行動**が起こり、ビジネスの機会を逸してしまう場合もあり得ます。

特にマネージャーや管理職、経営者の方は覚えておきたいポイントです。

そんな自我消耗を防ぐために、ウィルパワーを鍛えるいくつかの有効な方法も提唱されています。

決定による疲労を感じる時は、主に次の行動を心掛けてみてください。

・小さな挑戦を2週間継続する
・スポーツや運動を行う習慣を持つ
・十分な睡眠を取る
・重要な意思決定は午前中に行う

これらのことを生活に取り入れながら、自我消耗を防ぎ、上手にウィルパワーを鍛えていきましょう。

「ウェイパワー」が、目標のゴールへ導いてくれる

目標（ゴール）に到達するための道筋を考える思考力、それが「ウェイパワー」。**「見通し力」**と言い換えることもできます。

ゴールまでの道筋を考える上では、次の三つが重要なポイントになります。

① 目標設定と細分化
② 障害予測
③ シミュレーション

①については、目標に向かって進んでいく力は「ウィルパワー」の役割ですが、意志の力が強いというだけでは、目標を達成できるとは限りません。

もちろん、ウィルパワーが強ければいつかは到達できるかもしれませんが、時間は有限です。

そこで、**正しく目標を設定する力と、遠くにあるゴールに至るまでの道筋を把握し、小さなマイルストーンを設定していく**必要があります。

②は、**ポジティブなことばかり考えず、事前に困難を予測できる力**です。

先に、成功者に共通する特徴としてポジティブ思考を挙げましたが、これは都合が悪いことに目をつぶり、なんでも楽観的に考えるという意味ではありません。

そうではなく、彼ら彼女らはなんらかの行動を起こす時、必ずリスクやデメリットを事前に予見・予測しています。

その上で、リスクばかりに目を奪われず、ポジティブに挑戦していく姿勢を持っているのです。

③は、障害や困難を乗り越えるための「見通し」を考える力です。

一般的に、**ゴールまでの到達方法を、一つではなく六つ持つことで成功確率が高まる**とされています。

例えば、私が携わる経営の仕事では、**バックアップ・プランを持つことが戦略的に非常に重要**です。

その理由は、世の中の動向や事業環境が大きく変わることがあり得る中で、一つのプランだけで事業を継続させることは至難の業だからです。

これは経営に限らず、同様のことが皆さんの仕事においてもいえるでしょう。

また、今企業は、本社オフィスと同様の稼働ができる施設を地方に続々と作っています。

これは、近い将来、関東地方に大地震が起こることを予測しているからであり、震災リスクの少ない場所に移転し、緊急時でも事業を継続できるようにしているわけです。

特に、ライフラインを担う企業はその動きを加速しています。

このようなウェイパワーを身につけることで、主に三つのメリットを得ることができます。

- **ゴールまでの最適な経路を見つけることができる**
- **正しい方向に向かって進んでいるかを確認できる**
- **現在地の確認、理解ができる**

どれも現在の自分を起点に考えるのではなく、**見通し力があれば、ゴールから見て、「現在の自分がどこにいるのか」「正しい方向に向かっているのか」がよくわかる**ということです。

逆にいうと、どんなことでも目標を設定することが重要となります。

目標がなければ、たとえいい仕事や事業を行っていると思っていても、なにをもっていいことなのか、なにを達成すればいい状態になるのかが曖昧になり、行動が行き当たりばったりになりがちだからです。

キャリアに置き換えると、**まずは「やりたい仕事」「なりたい職業」を定めることが大切です**。

その上で、それを手に入れるために、**「今必要なことはなにか？」「今できることはなにか？」「今磨いておきたいことや、学んでおくべきことはなにか？」と考えていくと、ゴールに到達する可能性が上がっていく**というわけです。

まとめると、ウェイパワーがついてくると、自分で目標を設定し、自分で現地を確認しながら進んでいけますから、**主体性を持ちやすい**状態になります。

また、ゴールを起点にして正しいやり方で進んでいる実感や希望を持てるので、**前向きになりやすい**メリットもあります。

さらに、ネクストステップを考える癖ができると、自分の仕事に留まらず、より大きな仕事やプロジェクトでも適切にマネジメントできる力を養えます。つまり、**リーダシップを磨くことができる**ようになるでしょう。

今求められるのは、物怖じせずに挑戦できる人材

ここまで自分の価値の育てかたについて述べてきました。

あなたの興味、能力、価値観のすべてが、あなたの新しい可能性の源泉であることがおわかりになったと思います。

最後に、社会に通用する人材という観点から、これからの時代にどのような人が求められるのかを考えます。

私は、時代背景や社会経済背景を踏まえると、これからの時代に必要とされる**「グローバル人材」**がキーワードになるとみています。

グローバル人材が求められる理由は、ある意味、一目瞭然です。

「グローバル化する社会とビジネス」

「国内のインバウンドの経済効果」
「日本の人口減少と世界の人口増加」
「国内マーケットの規模縮小」

このように、現在のビジネスの主要トピックを見ても、グローバルに活躍できる人材がキーパーソンであることは自明だからです。

では、グローバル人材とは、いったいどのような人材なのでしょうか？

私は次のように捉えています。

――英語を共通言語として、国籍、宗教、民族、信条、文化が異なる中、ダイバーシティを超えて組織を率い、共通のゴールに導いていける一体性を確立できる人材――

つまり、グローバル人材は、語学（特に英語）が堪能であることは重要なのですが、**決して語学だけで決まるものではない**ということです。

むしろ必要なのは、**「異文化の受容」やお互いの相違を乗り越える「コミュニケーション力」**です。

また、ダイバーシティを超えて組織を率いる「リーダーシップ」やそれに「挑戦する心」も欠かせない力だと思います。

そして、それを支える**「情報処理能力」や「ストレス耐性」**も必要になるでしょう。

恥ずかしながら、実は私は英語を話すのが苦手で、語学があまり得意ではありません。

それでも、普段から海外の会社とビジネスをしています。

「英語が話せなくてもグローバルビジネスができるの？」と思われるかもしれませんが、結論からいうと、できるのです。

もちろん、そこには当然言葉の壁はありますが、**海外で仕事をすること自体は誰にだってできる**はずです。

日常会話レベルならなんとかコミュニケーションできるでしょうし、ビジネスの際は通訳にお願いすればいいでしょう。

むしろ、ビジネスの際のコミュニケーションは、微妙なニュアンスも表現しなくてはならないので、よっぽど自信があるならともかく、無理して自分の語学力に頼り過ぎないほうがいいかもしれません。

そうして現地へ実際に行き、なんとか話をして、異文化を受容しながら、コミュニケーションを通して、相手の考え方や価値観に触れることはできるはずなのです。

つまり、これからの時代に求められるグローバル人材になるためには、**どんなことにも物怖じせず挑戦できるかどうかが特に大切**な要素だということです。

これこそが、私はグローバル人材への入り口だと考えています。

そして、それはまさに本章でお伝えした、「レジリエンス」「ウィルパワー」「ウエイパワー」を普段から磨いていくことで、どんな人でもグローバル人材へと近づいていくことができます。

常に自分の新しい可能性を信じて、挑戦し続けること。

失敗をしても、それらはすべて成長のための種になると考えると、あきらめない限り「失敗はない」と捉えることもできます。

あきらめない限り、何歳からでも前進していけます。

何事も遅過ぎることはないと考えて、自分の価値を今からでも育てていきましょう。

第5章

他人によって
育てられる自分の価値

他人の価値を活かすことが、自分とチームの価値になる

第3章と第4章では、自分の価値をいかに見つけ、それをどのように育てていくかについて述べました。

そこで第5章では、部下やチームメンバーの価値の見つけかたと活かしかたという観点から、その考え方や具体的な方法を紹介します。

ここで紹介する方法は、部下やメンバーだけでなく、同僚にも応用することができます。

30代を超えると、会社の規模の差こそあれ、職場でリーダー職を担っている人も多いと思います。

まず、部下やチームメンバーそれぞれの価値を見出していく時のポイントは、リーダー自らが、**部下やチームメンバーの「可能性」を信じる**ことです。

厳しい言い方をすると、これができないリーダーは、リーダーとしての存在意義がないとすら私は思っています。

例えば、あるメンバーがいて、Aの仕事は苦手だけど他にBの仕事がある時、そのBという仕事なら得意になるかもしれないし、できるかもしれないと考え、新しい「可能性」のほうに目を向けて挑戦の機会を与えるということです。

あるいは、Aの仕事が得意で活躍している時も、Bという仕事の選択肢を提示することで、「違う方向の可能性もあるのではないかな？」と模索する。

それがゆくゆくは、新しい強みに育ちチーム全体に貢献してくれるかもしれません。

このように、リーダーは**常に選択肢やチャンスを与えていく意識を持たなければ、部下やチームメンバーは、いつまでも現状に留まり、一つの方向でしか成長していかない**ということになります。

一つの方向でしか成長しないということは、いわゆる〝替えが効かない〟仕事を生み出すことになり、リスクマネジメントの観点からも適切ではありません。

また、よく「もっと仕事の質を上げろ」「パフォーマンスを上げろ」といって発破をかけるリーダーがいますが、ただそんなことを言われても、部下やメンバーはなにをすればいいのか一向にわからず、仕事の質も上がりません。

「パフォーマンスを上げろ」といって上がるのなら、苦労しないでしょう。

そうではなく、**パフォーマンスを上げたいのなら、具体的にパフォーマンスを上げることができる選択肢を提示する**必要があるのです。

そのためにこそ、まずメンバーの可能性を信じてあげることが大前提であり、それを信じてあげてはじめて、各々の可能性を模索することができます。

もちろん、部下やメンバーの可能性や、得意なことを模索してあげようとしても、なかなかうまくいかない場合もあるでしょう。

例えば、「Bという仕事をやってみる？」と選択肢を提示しても、その仕事が本人にとって気が進まない、「やりたくない」ことである場合も往々にしてあり、本人の「納得感」が薄く、結局は仕事の質も上がらないという事態はよく見られます。

こうした人と仕事のマッチングは、確かにリーダーにとって頭が痛い問題ですが、大切なのは、**「どのようにしてその仕事に向き合わせるのか」「どういうかたちで挑戦させるのか」**を考えて導くことです。

このことは、それこそ「宿題しなさい！」といってもなかなかやらない子どもに、うまく宿題をさせることと似ている面があります。

つまり、命令だけをしても全く効果はなく、ただ選択肢を提示するだけでもなく、そこには部下やメンバーの動き方をフォローする向き合い方が必要なのです。

具体的な方法は、人やシチュエーションによって変わりますが、およそ三つの方向性が考えられます。

①「やり方」を伝える

②「区切り」をつける

③「伝え方」を工夫する

①は文字通り、**仕事の具体的なプロセスや、ポイントになる作業のコツなどの方法を丁寧に伝えてあげる**ことです。

最初からものごとを自分で考え、最適な方法を自力で編み出していける人ばかりではありません。

まずは、普遍的な「やり方」を身につけるからこそ、そこから自分なりの応用を考えられるようになるのです。

②は、**時間や内容ごとに作業を区切り、その仕事にトライし続ける意欲を維持できるようにする工夫をしてあげる**ことです。

新しいことや苦手意識があるものごとに向き合うと、どうしても集中力を維持するのが難しくなりますから、リーダーがそれをフォローする環境を整えてあげなければなりません。

③は、**目の前の仕事の意義をより広い視点から伝えることで、挑戦する意欲を高めてあげる**ことです。

「伝え方」についてはいくつかのポイントがあるので、後述します。

このように部下やメンバーに丁寧に向き合う姿勢を貫いていると、私の経験上、彼ら彼女らは自分の価値を自分で見つけはじめ、どんどん成長していきます。

特に、私がよく見てきたのは、苦手だと思っていた仕事が「食わず嫌い」だったというケースです。

例えば、人前で話したり説明したりするのが苦手で避けていた人に、丁寧にフォローしながら仕事を与えていくと、少しずつ体験を積み重ねて、やがて「人前で話すことが楽しくなった」ということは珍しくありません。

逆に、部下やメンバーが新しいやり方を編み出して、教えてくれることもよくありました。

そうして、**お互いの相乗効果でチーム全体の成長が加速していく**のです。

リーダーにとっては、最初は少し時間と手間がかかるかもしれません。

ですが、ゆくゆく自律的に動いていけるチームを作るためにも、ぜひ押さえておいてほしいポイントです。

仕事が持つ「意味」と「価値」を伝える

では、③の「伝え方」を掘り下げてみます。

先に、「目の前の仕事の意義をより広い視点から伝えることで、挑戦する意欲を高めてあげる」と書きました。

なぜこの方法が必要かというと、**仕事を与えられる側は、その仕事についてなにかを知っている状態ではなく、体験も少ないため、広い視点からその仕事の目的や意義を理解できない**状態だからです。

加えて、未知の仕事に対する不安や、ネガティブな思い込みを持っている場合もあります。

ですが、**仕事がそこに存在するということは、その仕事が持つ「意味」や「価値」は必ずある**はずです。

例えば、大量のアンケートを集計する仕事があるとします。

これは入力作業が膨大で、かなり大変な仕事といえるでしょう。

しかしここで、**「細かい仕事だけどなんとか頑張ってね、頼むよ」と伝えるのか、「ユーザーの気持ちをもっとも感じることができる仕事だから、頼むね」と伝えるのかで、受け手の気持ちは全く変わる**はずです。

後者は、その仕事が持つ「意味」や「価値」を伝えており、仕事へのモチベーションがぐっと高まる伝え方です。

また、そのような意識を持って仕事に取り組むからこそ、印象に残ったユーザーの言葉や、ユニークな意見などのフィードバックもしやすくなるのです。

このことについては、相手にとってネガティブな内容をフィードバックする時も同様です。

例えば、仕事の期限が遅れている人に対して、残業してでもやる必要があると伝える時、しっかりと伝える必要があるものの、どうしてもネガティブな話になりがちです。

そんな時は、**仕事の価値自体をネガティブに伝えない**ことが大切なので、「面倒な仕事だけど、なんとか期日までに終わらせてね」といった伝え方はしない、ということです。

そうではなく、その仕事が持つ「意味」を明確に伝えた上で、「期日までに頑張ろう」と励ますように伝えるといいでしょう。

日々の業務をこなしている中では、往々にして、**仕事の「意味」や「価値」、その仕事が持つ「可能性」や、エンドユーザーに届けたい「思い」といったことを忘れがち**です。

でも、それらは本質的にどんな仕事の中にも存在します。

その部分を見ることができず、伝えることができないリーダーは、チームのマネジメントにおいてかなり苦戦するのではないでしょうか。

自分はエンドユーザーにどのような商品やサービスを提供する会社やチームのリーダーなのか？

その仕事にはどのような社会的な意義があるのか？


そうした**自分自身が置かれている立場や責務に常に意識的であるからこそ、部下やメンバーに一つひとつの仕事の「意味」と「価値」を伝えることができます。**

また、そこにリーダーとしての言葉の重みや、受け手の「納得感」などの差も生じるのだと思います。

たとえネガティブなことを伝える時でも、仕事自体をネガティブに伝えないようにする――。

リーダー職にある人は知っておいてほしいと思います。

名刺を目の前に並べるだけで「行動の起点」になる

次に、部下やチームメンバーの業績が伸びない時、リーダーはどのような手当をしていけばいいかをみていきます。

なぜ手当が重要なのかといえば、**一人ひとりの部下やメンバーの不調や低迷、トラブルなどは、チーム全体の不調や会社の業績の低迷につながりかねず、ひいてはリーダーとしての役割やマネジメントの問題と直結している**からです。

ただし、そうした場合に取るべき方法は、人やタイミングで変わります。

停滞している時は、とりあえず行動を促したほうがいい場合もあるし、逆にやみくもに行動するのではなく、しっかり見通し（Plan）を立ててから、業務を継続的に改善していくのが適切な場合もあるでしょう。

その他にも様々なアプローチがあり得ますが、ここでは、私がマイナビ時代からずっと続けている方法を紹介します。

それが、**「目の前に名刺を並べる」**という方法です。

私自身のキャリアは営業に携わっていた時期が長いため、少し営業に寄った方法になりますが、もちろん営業以外の職種でも活用することができるはずです。

やり方は簡単で、**業績が伸びないメンバーがいる時、その人が持っている名刺を目の前に並べて、一人ひとりの顔を思い出すように促す**のです。

「○○さんは元気かな?」「しばらく会っていないけれど、今ならこんなサービスが欲しいんじゃないかな?」という具合に、人の顔を思い浮かべながらシミュレーションし、その後あらためてアポイントメントを取りつけます。

営業の仕事というのは、経営の観点から見ると、実は結果の数字でしか測れない側面があります。

「売上は○○で、利益は△△である、来季の見込みは□□である」といった業績の数字こそが経営判断の基準であり、また評価の基準にもなります。

しかし現実には、顧客企業に商品やサービスを買ってもらうためには、その企業の担当者と、営業担当とのあいだのコミュニケーションの状態が極めて重要な要素になるはずです。

そして、**相手の担当者が「今どんな状態なのか」を掴むことではじめて、新しく話ができるチャンスを作ることができる**のです。

そこで、リーダーは、「この会社はあの〇〇さんだよね？」「〇〇さんは今どうなの？　元気なの？」という話をしながら、その時々の状況を確認し、「久しぶりに〇〇さんに電話してみたらどうかな」と道を指し示すことを、私はよくやっていました。

この時のポイントは、相手の会社の業績などを聞いたり、必要以上に調べたりして判断しないことです。

なぜなら、**部下やメンバーの不調や業績の低迷、トラブルなどは、相手とのディスコミュニケーションが原因である場合が非常に多い**からです。

そのため、会社としてではなく、あくまで担当者との関係性にフォーカスさせることが重要です。

部下やメンバーが名刺を並べていると、例えば、「そういえば○○さんが昨年、もうすぐ婚約するという話をしていました」という記憶を思い出すこともあり、そうであれば、「昨年、婚約したのであれば、そろそろ結婚されているかもしれないから電話してみなよ」と導くこともできます。

そうして名刺を並べて、人ごとにエピソードを思い出してもらい、疎遠になりがちな方に対して、アポイントを入れるということをよくやっていました。

ここで重要なポイントは、**仕事が不調に陥った時は、お客様との接点を作るということです。**

名刺を並べて相手のことを思い浮かべるという小さな接点が、新しい行動の起点になります。

不調やトラブルこそが、人の価値を育てる

仕事をしはじめた人にとってもっとも避けたい業務が、「電話をかけてアポイントを取る」ことではないでしょうか。

ですが、そんな億劫でやりたくない仕事にあえて挑戦することで、壁を乗り超えて、新しい可能性を発揮できる場合がよくあります。

不調やトラブルこそが、人の価値を育てる機会になるのです。

私のかつての部下で、入社1年目に成績が全く振るわなかった女性がいました。

ポテンシャルはあるのに、電話をすることの苦手意識が強く、自ら進んでチャンスに向き合うことがなかなかできなかったのです。

「営業はお客様の下へ足を運ばなければ話にならない」と頭では理解していても、

もっとも大事なことをつい避けていました。

「無碍《むげ》に断られたら」「うまく話せないかも」と不安ばかりが増幅し、傷つくのが怖いと思ってしまう人はかなり多いのではないでしょうか。

そこで私は、先の名刺を並べる方法を彼女にもやってもらいました。

すると、**相手の言動やエピソードなどをじっくりと振り返ることができたため、相手についての情報が増え、どんどん主体的に電話ができるようになった**のです。

その後は、あれよあれよという間に業績も上がっていき、なんとその年に会社で表彰されるまでになり、さすがに驚いたことをよく覚えています。

自分がもともと持っていたチャンスを掘り起こすことができると同時に、名刺を前にいろいろとシミュレーションすることで、端的に電話がしやすくなる即効性もある方法なのだと感じています。

まとめると、**仕事で大切なことは、会社としてではなく、あくまで「担当のお客様と仕事をする」という姿勢を貫くこと。**電話をする時も会社に電話するというよりは、「人に電話して、人と話す」という感覚を持つことが重要です。

「安心感」を与えることが、あなたと仕事の価値を高める

部下やメンバーの価値を高めるために、私は**リーダーがどれだけ「励まし」を与えられるか**が、とても重要なファクターだと考えています。

しかし、励まそうとして、「頑張れ！」「気合を入れれば大丈夫」などと単純なメッセージを伝えているだけの上司やリーダーはかなりいるように思います。

言われた側からすると、「口でいうのは簡単だけどやるのはこっちなんだよ」「気合を入れればなんとかなるような状況なの？」という気持ちになってしまい、ますますやる気を失ったり、反感を抱いたりします。

そうではなく、**励ましというのは、「あなたがいてくれるから大丈夫なのだ」という事実と、相手を尊重する気持ちを伝えること**なのです。

部下やメンバーに対し、「自分の能力を活かしてくれれば大丈夫」と伝えると、**励ましが「安心感」に変わっていき、能力を発揮しやすくなる環境を作ることができます。**

もちろん、最終的には上司やリーダーが責任を取るという事実もあわせて伝えておくと、部下やメンバーはより心が落ち着いた状態で、自分の壁に向かっていけるでしょう。

ただし、**「責任感」については、リーダーの普段の言動や振る舞い方で自然と周囲に伝わるもの**なので、ことさら言葉にしなくてもいいでしょう。

なかには、自分の出世やキャリアのことばかり考えていたり、保身のためにいつも責任転嫁したりする人も見受けられますが、そうした人はやはりどこかのタイミングでリーダーとしての壁を乗り越えられないため、そのままの姿勢で進んでいくのは厳しいというのが正直なところです。

いずれにせよ、リーダーとして大事なのは、**周囲に「大丈夫だ」という安心感を与えること**で、これは、相手がお客様でも同じことです。

私が営業という仕事をする上で大切にしてきたコアな部分も、まさにこの安心感を与え続ける存在であることでした。

営業という仕事において、豊富な専門知識を持っていることは一つの武器になるでしょう。しかし、扱う商品や提供するソリューションの知識などは二次的なファクターに過ぎません。

要するに、向き合っているお客様に対して、「大丈夫ですよ」「我々がしっかりサポートしますよ」と伝えて、安心感を持ってもらえるかどうかがすべてです。

これこそが営業の本質であり、人と人とのコミュニケーションにおいても重要なことだと思います。

一時的にモノやサービスを売ればいいとするのではなく、相手との関係性を大事にしながら、長年ご愛顧いただくような関係を作っていく。

それを実現することで、そこに営業担当が介在する価値が生まれるのです。

もちろんこれは、営業以外の仕事全般についてもいえることであり、リーダー以外のすべての働く人に通じています。

仕事で向き合う人に「安心感」を与えられるからこそ、良好な関係性を長期に亘り築き上げていくことができます。

この時、その人のパーソナリティは重要なファクターではありません。

それこそ、性格的に少し尖っていてもいいし、周囲を巻き込むようなエネルギッシュなタイプでもいいし、逆に優しい雰囲気を醸し出したり、無口な人であったりしても構いません。

仕事ができるようになるために、なにか特定のパーソナリティになろうとしたり、自分の特質を根底から変えようとしたりする必要はないということです。

そう、まさに**一人ひとりがユニークピースとして存在するからこそ、そこにあなただけの価値が生まれる**わけです。

自分のありのままの姿で、向き合う相手に安心感を与えられる存在になろうとしているかどうか、その意志を持っているかどうかが大切なのです。

アイデアではなく「課題」を見つけよう

仕事をしていると、部下やメンバーに、担当する事業やプロジェクトに関するアイデアを求める場面もあると思います。

しかし、これも先に述べた、単純な励ましと同様で、**「なにかいいアイデアを考えてみて」と伝えても、いいアイデアなど一向に出てきません。**

いうまでもなく、一人のビジネスパーソンとして、「これをやると面白いかも？」「これがきっと求められている！」という直感や発想力を常に持ち続けることを意識するのは大事です。

ただ、アイデアというものは、むしろ生み出そうと思えば思うほど、なかなか生み出せないというのが現実です。

では、いったいどうすれば部下やメンバーにいいアイデアを生み出してもらえるのでしょう？

結論からいうと、**重要なのはアイデアではなく「課題」**だと考えています。

つまり、**「今、自分たちはどのような課題に対して向き合っているのか」「そこにはどんなニーズがあるのか」を考える観点のほうが大事であり、課題の発見がポイントになる**ということです。

日常的に、**「この仕事の課題はなにか」「誰がなにに困っていて、そこにどんな問題があるのか」**という視点から入り、思考を深めていくアプローチを癖づけていくと、自然といいアイデアが出やすくなります。

それこそ経営者や起業家であれば、社会の課題を見据えることが必要であり、私自身も心掛けています。

課題さえ見つけることができれば、次はその課題をどのように解決していくかを考えるプロセスに移ることができます。

そして、課題解決のほうが難しいと思いきや、実は世の中には優れたフレームワークやビジネスモデルが既に沢山存在しているため、それらに自分たちの課題を当てはめて考えていけば、自ずと適切な解決方法へ導ける可能性が高くなります。

一経営者の立場からいうと、**最高の課題解決は「成功例が多く普遍的なビジネスモデルを真似ること」**だと私は見ています。

なにか斬新なアイデアやオリジナルのスキームを生み出そうとするのではなく、あくまで課題に忠実になり、解決方法については素直に「真似る」ことが大事なのです。

そのためにも、**必要な第一歩は、まず「課題を特定する」こと**だとぜひ覚えておいてください。

リーダーは自分の「熱量」を伝え続ける人

ここまで部下やチームメンバーの価値の見つけ方と、活かし方について述べてきました。

最後に、部下やメンバーのモチベーションが上がらない時に、リーダーが心掛けておきたいことを考えてみます。

まず、前提として押さえておきたいのは、モチベーションというのは、本来個人に属している問題であるという事実です。

つまり、**自分の「内なる心」から生じてくる内発的なもの**なのです。

ごく簡単にいうと、例えば自分の仕事が嫌で仕方がない人に対しては、どのように働きかけても、本人が他者の意見を受け止めて自分の考え方や捉え方を変えようとしない限り、モチベーションは上がりません。

これは、「自分の働き方は自分で選ぶことができる」という自由意志や、職業選択の自由のメリットでもありますから、他者からの働きかけに限界があることは仕方がないことといえるでしょう。

その前提ありきで、私は今ユニークピース社を成長させ、日本一のベンチャー企業の社長になろうと思っているし、チームメンバーにも「日本一の会社を本気で一緒に作りたい」とよく伝えています。

会社員時代から続けていることで、当時も「自分は業界で一番の営業マンになる」と常に思いながら仕事をしていました。

そして、部下やメンバーにも、「お客様と向き合っている瞬間、自分が業界一の営業担当になっているのをイメージしながら仕事をしていこう」と伝えていたものです。

つまり、**自分の根底にあるモチベーションや原動力を駆動させている「熱量」を、常に部下やメンバーに伝え続け、チーム全体の士気を高めていくことがリーダーに求められる**ということです。

ここで、リーダーの立場として注意しておきたいのは、**部下やメンバーのモチベーションを上げるために、インセンティブを与える方法を取らないこと**です。

もちろん、結果を正当に評価することは大切であり、その基準をオープンにすることは、公平性の観点から理にかなっているといえます。

「頑張れば評価される」という環境を作っていれば、部下やメンバーのモチベーションは間違いなく上がるはずですし、組織全体に「安心感」を醸成していくことにもつながります。

しかし、「〇〇を達成したから昇給させる」「〇〇がうまくいったらボーナスを出す」といったインセンティブを利用してモチベーションを上げようとすると、往々にして**インセンティブを得ることを目的としがちになる**のです。

また、必要な仕事であるにもかかわらず、「あまり評価につながらないから手を抜こう」とする**ネガティブな行動の誘因**になったり、「ペナルティが怖いからとりあえずやっておこう」といった**負のインセンティブ**に変わったりすることもあり得ます。

いずれにせよ、先に述べた「内なる心」から発信される内発的なモチベーションではないため、結果的にはどれも長続きすることはなく、組織やチームの和を乱してしまうことにもなりかねません。

最高のイメージを持って 1日をはじめよう

話を戻すと、リーダーが「一緒に日本一になろう！」と言えば、部下やメンバーの頭の中には、「そんなの本当になれるの？」という疑問が浮かぶのが普通なのかもしれません。

特に自信を持ちづらい人は、そう言われた瞬間に、どこかでそれを疑っている自分に気づいてしまい、モチベーションは上がらなくなります。

あるいは、一度は同じように思ったとしても、しばらく経つと「やっぱりわたしには無理かもしれない……」と弱気になってしまう場合もあります。

私自身のことを振り返れば、もともと自然にそう思えたというより、**自分で意識し続けたから、やがて本気で信じられるようになった**というのが正直なところです。

それこそ、自己暗示のような面があるのかもしれませんが、私は、**毎朝起きた時に、今日行う「最高の仕事」をイメージする**ことを日課にしています。

また、ベッドに入って寝る前に、**「今日1日の自分の行動は本当に日本一のベンチャー企業の社長にふさわしいものだったのか」「本当に日本一であったら、他にどのような行動ができたのか」**と自問自答することも私の日課です。

第4章でスケジュール帳を使った振り返りの方法を紹介しましたが、**「今日1日を最高のものにするためには、どのような行動をしたらよかったのか」と考えることを習慣にするの**は、効果的でいい方法になるでしょう。

それをしばらく続けていると、自然と自分の力を信じられるようになっていくからとても不思議です。

最初は意識的に思うことからはじまりますが、**思い続けていると、やがて「わたしは本当に日本一になれるだろう」と信じられるようになっていく**のです。

同じように、**「わたしはこんな働き方がしたいし、本当にそうなれる」「わたしは好きなことをして働くことができるし、本当にそれを毎日行う力がある」と、自分で自分を励ましていけば、それが内発的なモチベーションとなり、やがて「一歩を踏み出す勇気」に変わっていきます。**

そして、それが**習慣になることで、本当にあなたの人生そのものが変わっていく**のです。

リーダーからの働きかけをただ待つのではなく、なにより皆さん自身が、**「できる！」と信じて行動することで、何歳からでも、どんな場所でも、ユニークピースとしての自分を解放させることができる**と私は確信しています。

そして私自身もまた、ユニークピースの一人として、皆さんのために日本一のサポートをし、社会を変えていけると本気で信じています。

それができることの喜びを噛み締めながら、今日も最高の朝を迎えているところなのです。

おわりに

一人ひとりがユニークで輝ける社会に

最後まで本書をお読みくださりありがとうございました。

本書で一貫してお伝えしてきたのは、どんな人の中にも「一点物」の可能性が眠っているという紛れもない事実です。

ただ、その可能性がうまく引き出されないのは、「個人のマインドセットの問題だけでなく、企業や社会の構造に原因がある」とおわかりになったと思います。

そこで、ユニークピース社では、働く人一人ひとりがユニークな存在でありながら、輝く未来を実現させるために、各種事業を展開しているところです。

個人が自己実現を果たし、毎日充足感を得ながら働ける環境と、働く人の幸福度が高い社会を築いていくために、様々なサービスで支えていきたいと考えているからです。

そして、他の誰よりも働く人の課題解決のために力を尽くしたい。

なぜなら、私自身も皆さんと同じユニークピースの一人だからです。

つまり、様々な社会課題を解決することが、私の自己表現や自己実現のステージでもあるということです。

私が「誰にも負けない」と信じていること。それは、**自分の可能性を信じる力**です。

自分が「こうありたい」と思ったことをあきらめた瞬間、そのことは実現しなくなります。

自分が本当に「やりたいこと」を毎日大切にして生きたいし、本書を手にした皆さんにも、**「あきらめない限り失敗はない」**と強くお伝えしたいのです。

皆さんが、自分の「一点物」の個性を活かして、自分だけの能力を見つけ、自分らしくユニークな存在で輝きはじめることを心より願っています。


株式会社ユニークピース代表取締役社長　池本博則

Unique Piece
あなたの価値の育てかた

発行日　2025年1月6日　第1刷

著者　池本博則

本書プロジェクトチーム

編集統括	柿内尚文
編集担当	中村悟志
デザイン	須貝美咲（sukai）
カバーイラスト	徳永明子
編集協力	岩川悟（合同会社スリップストリーム）、辻本圭介、横山美和
本文デザイン協力	上條恵理子
DTP	藤田ひかる（ユニオンワークス）
校正	中山祐子
営業統括	丸山敏生
営業推進	増尾友裕、綱脇愛、桐山敦子、相澤いづみ、寺内未来子
販売促進	池田孝一郎、石井耕平、熊切絵理、菊山清佳、山口瑞穂、吉村寿美子、矢橋寛子、遠藤真知子、森田真紀、氏家和佳子
プロモーション	山田美恵
編集	小林英史、栗田亘、村上芳子、大住兼正、菊地貴広、山田吉之、大西志帆、福田麻衣、小澤由利子
メディア開発	池田剛、中山景、長野太介、入江翔子、志摩晃司
管理部	早坂裕子、生越こずえ、本間美咲
発行人	坂下毅

発行所　株式会社アスコム

〒105-0003
東京都港区西新橋2-23-1　3東洋海事ビル
TEL：03-5425-6625

印刷・製本　日経印刷株式会社

Printed in Japan ISBN 978-4-7762-1359-8